대중음악
볼륨을 낮춰라 2
Popular Music and Spiritual Warfare

강인중 지음

라이트 하우스

종말로 형제들아
무엇에든지 참되며 무엇에든지 경건하며
무엇에든지 옳으며 무엇에든지 정결하며
무엇에든지 사랑할만하며 무엇에든지 칭찬할만하며
무슨 덕이 있든지 무슨 기림이 있든지 이것들을 생각하라

- 빌립보서 4장 8절

서문

"중고 시절에 공부를 열심히 했습니다" 교회 강의에 나가서 간혹 이렇게 말문을 열면 사람들 표정이 '별로'라는 게 금방 느껴진다. 그러다 바로 "팝송 공부를 요"하면 여기저기서 웃음이 새어나오면서 분위기가 바뀐다. 내가 자랄 땐 팝 마니아가 드물었는데, 내가 거기 속했다. 중학생 때 팝 가사를 줄줄 외고 다녔고, 고교 시절 빌보드 차트를 꿰고 다녔으니까. 팝 음악이 없는 나의 청소년기와 청년시절은 상상할 수 없다. 허맨스 허미츠와 비틀즈, 엘튼 존과 배리 매닐로... 그들은 어린 시절 나의 영원한 우상이었다.

'빌보드 키드'의 삶은 결국 음반사 진출로 이어졌다. 10년여에 걸친 음반업계의 생활은 취미와 직업이 성공적으로 결합한 '행복한 팝 마니아' 삶의 절정이었다. 그러던 어느 날.. 하나님의 강권적 역사가 개입했다. 혼란과 갈등이 시작됐고 그 후 행복한 팝 마니아의 삶은 더 이상 계속되지 못했다.

이 책은 지난 1999년 낮은 울타리를 통해 나왔던 <대중음악, 볼륨을 낮춰라>에 이은 두 번째 책으로 지난 수년간 기독 매체와 블로그 등에 썼던 글들을 간추려 묶은 것이다. 이 책은 대중가요와 팝/록 음악, 뉴 에이지 음악, 그리고 대중음악 양식의 기독음악인 CCM 등 대중음악 전반에 대해 객관적 사실과 자료를 기초로 나의 '개인적 생각'을 기록한 것이다.
　근래 영화에 대한 관심이 높아지고 있어 영화에 관한 글도 덧붙였다.

　필자는 1950년대 미국에서 출발한 로큰롤을 그 뿌리로 하고 있는 현대 대중음악을 기독교를 위협하는 하나의 거대 '종교'와 같은 것으로 인식하고 있다. 대중음악은 지금까지도 그래왔지만, 말세에 사단의 가장 중요한 전략적 무기 중 하나로 적극 활용되리라는 것이 필자의 생각이다. 젊음, 자유, 저항이라는 미명 하에 젊은이들을 쾌락주의와 허무주의로 이끄는 록 음악, 명상과 내면

치유를 슬로건으로 내걸고 현대인을 미혹하는 뉴 에이지 음악, 섹스와 죽음, 폭력으로 무장한 대중가요의 배후에 오늘날 사람들을 하나님으로부터 멀어지게 하고 인간의 삶을 황폐케 만드는 사단의 어두운 그림자가 감지된다.

부족하고 부끄러운 글이지만 하나님 나라 확장에 기여할 수 있으리라는 소망을 가지고 감히 책을 펴낸다. 이 책은 그간 강의와 글을 통해 만났던 전국의 성도들, 특히 우리 청소년들의 격려와 기도 없이는 나오지 못했을 것이다. 또 사랑하는 아내와 가족, 그리고 교우들의 도움 없이는 탄생할 수 없었다. 모두에게 머리 숙여 감사드리며, 하나님께 영광을 돌린다.

2006년 여름의 끝에
주님 안에서,
저자 씀

목차

서문

1장 대중가요

미친 사랑의 노래 ▮ 15
모조 성인의 사회 ▮ 25
양아치 문화 ▮ 31
'카우치' 사건이 의미하는 것 ▮ 37
대중음악 속의 어두운 그림자 ▮ 42
대중가요 뮤직비디오의 문제 ▮ 46
메시아와 god ▮ 49
한국 교회의 가요 사랑 ▮ 55

2장 팝/록 음악

마릴린 맨슨과 악마주의의 실체 ▮ 61
마돈나의 십자가 ▮ 67
아! 휘트니 ▮ 72
노르웨이의 숲 ▮ 76
비틀즈와 뉴 에이지 ▮ 84
비틀즈와 기독교 ▮ 92
천국으로 가는 계단 ▮ 99
이교의 제의 ▮ 129
지옥의 천사 ▮ 133
록 음악과 기독교 ▮ 138

3장 뉴 에이지 음악

웰빙과 뉴 에이지 명상음악 | 145
뉴 에이지 음악과 록 음악 | 150
시크릿 가든과 뉴 에이지 종교음악 | 156
켈틱 뉴 에이지와 엔야 | 161
일렉트로닉 뉴 에이지와 반젤리스 | 166
뉴 에이지 음악을 분별하려면 | 170

4장 CCM

찬송 맞습니까 ? | 177
CCM, 문제는 없는가 - 개념과 용어 | 184
CCM, 문제는 없는가 - 음악 양식 | 189
CCM, 문제는 없는가 - 선교적, 대안음악적 가치 | 192
CCM, 문제는 없는가 - 메시지, 아마추얼리즘 | 197
CCM, 문제는 없는가 - 상업주의 | 201
CCM, 문제는 없는가 - 오락성과 감성주의 | 205
CCM, 문제는 없는가 - 하나님인가 세상인가 | 208
크리스마스 캐롤과 예수 그리스도 수퍼스타 | 212

5장 영화

한국영화 전성시대의 어두운 그림자 ┃ 219
말아톤과 주홍글씨 ┃ 223
베로니카 게린 ┃ 227
엘리펀트 ┃ 232
술과 장미의 날들 ┃ 236
영화 과잉시대의 그리스도인 ┃ 241

6장 대중문화와 영적 전쟁

그레이스랜드의 추억 ┃ 247
엘비스 기일에 엘비스를 생각하다 ┃ 252
악을 학습시키는 문화 ┃ 258
클래식 음악을 듣자! ┃ 262
죽도록 즐기기 ┃ 266
대중음악과 영적전쟁 ┃ 269
대중문화에 대한 그리스도인의 바람직한 태도 ┃ 273
에필로그 - 당신은 사랑받기 위해 태어난 사람 ┃ 277

1 대중가요

미친 사랑의 노래

인기 여성 3인조 씨야(See Ya)의 히트곡 <미친 사랑의 노래>. 온 라인 상에서만 유통되는 디지털 싱글(digital single)로 발매된 이 노래는 모바일 서비스가 개시되자마자 기록적인 다운로드 건수를 자랑하며 2006년 여름내 폭발적 인기를 끌었다. KBS 드라마  <투명인간 최장수>의 주제곡이라는 화제성과 함께 이 노래 인기 상승의 견인차 역할을 한 것은 장장 6분 45초에 달하는 뮤직 비디오. 음악 케이블과 인터넷을 뜨겁게 달구고 있는 이 노래의 '뮤비'(뮤직 비디오의 속칭) 속을 들여다봤다.(인터넷에서 누구나 볼 수 있다) 한국에서 뮤직 비디오, 특히 발라드 비디오가 드라마 형식을 취하고 있는 것은 기본이고, 근래에는 뮤직 비디오를 연작(連作) 드라마 형식으로 제작하는 것이 또 하나의 경향으로 자리 잡고 있는데, 이 곡이 그런 케이스다.

최정원, 정유석 등이 출연한 <미친 사랑..>의 뮤직 비디오는 씨야의 전작(前作) <구두>의 속편으로 되어 있다. 따라서 전체 내용을 이해하기 위해 <구두>를 다시 볼 수밖에 없다.(마케팅 전략이다) 다음은 전체 줄거리. 주인공은 술집(룸살롱)에 나가는 여성이다. 술집에 손님으로 온 잘 생긴 남자의 구애(求愛)로 사랑에 빠진다. 그리고 그 남자와 여행을 간다. 거기서 깡패를 만나 싸우다가 남자가 중상을 입고 병원에 입원한다. 이때 남자의 부인이 나타나서 남자가 유부남임을 알려준다. 실의에 빠진 여자는 술에 만취해 비틀거리며 길을 걷다가 차에 치인다. 여기까지가 '1편(구두)'이다. 그리고 '제 2편(미친 사랑..)'. 차에 치어 피를 흘리며 구두가 벗겨진 채 쓰러진 여인은 다행히 목숨을 건진다. 그리고 그 차를 몰던 젊은 남자의 간호를 받는다. 그러다 서로 사랑하게 된다. 그러나, 사랑했던 남자(유부남)가 같은 병원에서 치료를 받으며 부인과 함께 있는 모습을 보면서 과거를 회상하던 여인은 병실 창문에서 몸을 던져 스스로 목숨을 끊는다. 그녀를 간호하다 사랑에 빠졌던 남자는 어느새 그녀의 절친한 룸살롱 동료와 연인 사이가 되어있는데, 그녀로부터 놀라운 이야기를 듣는다. 두 여자가 서로 사랑하는 관계였다는 것. 충격에 빠진 남자는 달려오는 차를 향해 걸어간다. 그녀의 뒤를 따르려는 듯..

흥행 코드의 종합판

이 두 편의 연작 비디오를 보면서 느낀 것은 이 두 곡의 노래와 비디오 속에 근래 한국 가요와 뮤직 비디오의 유행코드가 다 들어있다는 것이었다. 종합판이었다. 첫째 죽음(死)이다. '죽음의 정서'는 한국의 대중문화, 그 중 대중가요 특히 발라드의 핵심적 흥행코드이다. 한국 가요의 뮤직 비디오는 오래 전부터 끊임없이 죽음의 냄새를 풍기고 있다. <미친 사랑의 노래>의 첫 장면은 여인의 영정 사진과 함께 배 위에서 강에 유골을 뿌리는 '기막힌'

장면(다른 나라 음악 비디오에서는 결코 볼 수 없음!)으로 시작한다. 그러나 '중요한 것'은 이러한 장면이 전혀 낯설지 않다는 것이다. 망자(亡者)의 얼굴 위로 새하얀 천이 덮이는 임종 장면이나 장례식 풍경은 한국의 발라드 뮤직 비디오에서 더 이상 낯선 광경이 아니다. 자주 나온다. <미친 사랑..>에는 자살이 두 차례 등

장한다. 과거 가요 뮤직 비디오의 자살 장면은 직접적 표현을 자제하는 듯한 분위기가 없지 않았는데, <미친..>에서는 병원 창문에서 훌쩍 몸을 내던져 떨어지는 파격적 장면을 보여준다. 그리고 마지막, 남자가 달려오는 차를 향해 걸어감으로써 또 한 차례 자살의 여운을 남긴다.

다음은 폭력이다. 하루만 케이블 TV를 틀어놓고 보라. 눈 앞을 자주 스쳐가는 붉은 색이 있을 것이다. 피(血)이다. 범죄자, 조폭, 깡패, 형사가 단골손님이다. 치고 받고 차고 쑤시고(!) 쏜다. 선혈이 낭자하다. 최근 아침 시간에 케이블 TV의 음악 채널을 켜자

마자 눈앞에 펼쳐진 영화 <친구>를 상기시키는, 배를 칼로 연속해서 찌르는 무자비한 장면과 머리에 총을 맞고 피가 쏟아지는 장면의 뮤직 비디오를 보면서 정말 '진지하게' 이

민을 생각했다. 여기서는 깡패와 싸우다 건물의 두 개의 시커먼 철근이 남자의 몸을 뚫고 나와 피를 흘리는 볼거리를 제공한다.

그리고 섹스(色)다. 이 연작 비디오에는 초미니 스커트와 반바지를 입고 노출 부위를 아슬아슬하게 보여주면서 성행위를 흉내내는, 우리 댄스 가요에서 연일 퍼부어 대는 그런 유치한(?) 선정적 장면은 등장하지 않는다. 대신 '혀'를 사용하는 농밀한 키스와 포옹 신으로 성감을 깊숙이 자극한다. 여자를 애무하며 기술적으로 브래지어를 벗겨내는 '묘기'도 보여준다. 여기에 두 젊은 여자의 사랑은 '미친 사랑'의 은밀한 성적 분위기를 한껏 고조시킨다. 서로를 바라보는 두 여자의 야릇한 시선과 알몸의 포옹. 가수 반디의 동성애 뮤비 <여자를 사랑합니다>의 농도에는 조금 덜 미치지만 자극이 만만치 않다. <미친 사랑..>은 근래 영화 <왕의 남자>와 <브로크백 마운틴>, 가수 반디, 백지영 등으로 이어지면서 한국 땅에서 바야흐로 맹위를 떨치기 시작한 이 회심의 흥행 코드를 결코 놓치지 않았다.

색(色)이 있는 곳에 '술(酒)'이 빠질 수 없다. 더구나 음주 강국 대한민국에서. "밥보다 술을 더 많이 마시고, 술로다 채워버린 쓰린 속을 감싸 안은 채.."(<구두> 가사 중) 괴로움을 잊기 위해 여자가 독한 양주를 마신다. (돈을 주고) 예쁜 여자를 불러서 애인처

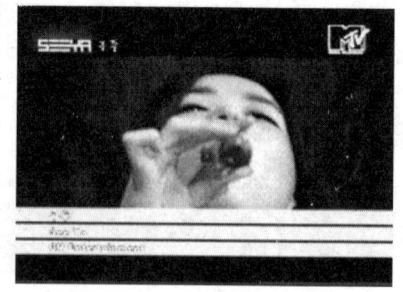

럼 곁에 앉히고 함께 술을 마신다. 여자가 담배를 피운다. 청소년들이 무엇을 배우겠는가 ? 그리고 몸(肉)이 있다. 당연한 얘기를 하는 것이지만, 이 비디오의 주인공들처럼 한국의 뮤직 비디오에 등장하는 인물들은(가수이건 배우건) 한결 같이 너무나 잘 생기고 너무나 예쁘고 너무나 섹시하다. 오로지 섹시하고 잘 생긴 미남 미녀들의 사랑이야기로 밤을 지새는 한국의 뮤직 비디오들이 보여주는 것은 무엇인가? 인격이 아닌 '몸으로 사는 세상'이다. 몸이 권력이 되고, 몸이 돈이 되는 세상이다. 그렇지 못한 사람에게 뮤직 비디오가 보여주는 세상은 참으로 야속하다.

슬픔으로 먹고 사는 가요계

그리고 눈물(淚)이다. 한국의 가요가 슬픈 것은 어제 오늘의 일이 아니다. 특히 한국의 발라드는 비극(悲劇) '일색'이다. 슬퍼야 뜨기 때문이다. 한국가요는 슬플수록 잘 팔린다. 어떻게든 울려야 한다. 그러나, 해가 갈수록 슬픔의 강도는 더할 수밖에 없는지라(자극은 더 강한 자극을 요구하기에), '사랑과 이별'의 스토리는 더욱 처절하고 극적인 슬픔으로 치닫는다. 그러자니 주인공 중 하나를 죽일 수밖에(?) 없는 것이다. 죽어야(死別) 슬픈 사랑, 아름다운 사랑이 되기 때문이다. '슬픔과 죽음'의 정서에 대한 대단히 적극적인 상품화가 진행되고 있는 것이 오늘 대한민국의

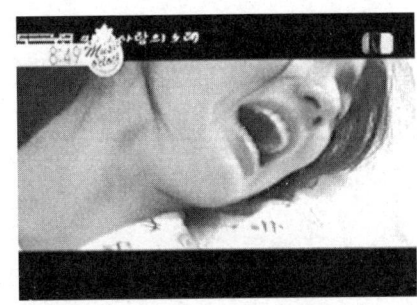

가요 나아가서는 대중문화의 현실이다. "왜 씨야(See Ya) 누나들 뮤비(뮤직 비디오)는 모두 슬플까요 ? 누나들 성격에 맞춰서 밝은 곡으로 만들어보는 것도 괜찮을텐데..안타깝네요.." 인터넷에 뜬 아마도 어린 청소년의 이 글은 '슬픔'으로 먹고사는 오늘 한국 가요의 슬픈 현실을 잘 보여주고 있다.

한편, 발라드 가요를 들으면서 늘 느끼는 것인데 오래 전부터 우리 가요 가사 중에 "지운다"는 말이 굉장히 자주 나오고 있다. 최근에 뜨고 있는 백지영과 씨야의 노래에도 예의 이 표현이 등장한다. "널 지울거야..날 지워줘"(사랑 안해) "너 없이는 하루도 자신 없어 어떻게 널 잊니 어떻게 지우니.."(미친 사랑..) 이는 소수의 잘 나가는 작사가들에게 의존하는 우리 가요 노랫말 표현의 한계일 수도 있겠지만, 이 말은 오늘날 한국인의 사랑에 대한 가치관 속을 흐르고 있는 중요한 트렌드를 보여주는 표현일 수도 있을 것이다. 사회심리학적으로 분석해 볼 가치가 있다고 본다. (혹 컴퓨터의 'delete'키와 상관이 있을지도... IT강국 아닌가?) 개인적으로는 이 표현이 "사랑하기에 헤어진다"는 식의 위선과 허위의식, 그리고 오히려 이별을 낭만적인 것으로 즐기려는 듯하는 오늘의 세태를 함의(含意)하는 말로 본다. 진정 사랑한다면 왜 헤어지는가 ? 위선이다.

또 한국의 가요는 '친구의 친구를 사랑'하는 은밀하고 야릇한 연애의 감정도 심심치 않게 다룬다. '불륜의 조기학습'이라고나 할까.. <미친 사랑..>에 등장하는 유부남의 너무도 파렴치한 애정 행각도 '불륜'이 더 이상 죄는 커녕 전혀 허물이 되지 않는 한국 사회의 풍속도를 잘 보여준다. 여기에 요즈음 뜨는 것은 연상의 사랑, '누나 사랑'이다. <미친 사랑..>은 이 코드 역시 간과하지 않았다. 이승기의 히트곡 <내 여자라니까>에 등장하는 가사 "이러면 안되는 거 알아요, 좋아하니까, 좋아하니까, 누난 내 여자니까, 너는 내 여자니까 네게 미쳤으니까.."는 이제 2006년 한국 젊은이들 사이에 보편적 정서로 자리 잡고 있다. <미친 사랑...>에서는 너무도 잘 생긴 어린 남자가 연상의 여인에게 이렇게 말한다."누나 저 내일부터 작업 들어갑니다..." 그의 작업은 '당연히' 성공을 하고 누나는 그의 여자가 된다. 비록 잠시 뿐이지만...

병든 우리 사회의 정신과 가치 반영

한국 가요의 '죽고 못 사는' 사랑, 몸부림치는 사랑의 모습을 너무 자주 보면서 이런 생각을 한다. "인생에 남녀 간의 사랑 외에는 중요한 것이 없다는 말인가?" 물론 사랑은 중요하다. 그러나 대중가요가 지나치게(죽음까지 동원해 가면서) "젊은 시절 남녀 간의 사랑 외에 중요한 것은 없다"는 식으로 청춘 남녀의 연애를 과장하여 묘사하는 것은 분명 문제가 있다. 사랑을 하는 나이에도, 인생의 중요한 문제들은 여전히 존재한다. 기독교엔 젊은 시기에 남녀 간의 사랑보다 중요한 가치들이 아주 많다.

한국 가요는 사랑이란 주제의 과잉과 사랑의 가치에 대한 과장과 왜곡의 정도가 픽션의 문화상품이라고 하지만, 너무 심각하다. 오늘날 가요의 주 고객으로 자리 잡은 우리의 어린청소년과 젊은 이들이 '사랑의 의미'와 '사랑하는 법'을 어디에서 배우나? 뮤직

비디오와 노래 가사 그리고 드라마와 영화 같은 대중문화다. 오늘날 한국 가요가 주로 가르치는 사랑은 '슬픈 사랑', '아름다운 사랑'이란 이름으로 포장된 비뚤어진 사랑과 병든 사랑, 혹은 유부남과의 사랑과 동성 간의 사랑 그리고 죽음이 얽힌 이 노래와 같은 '미친 사랑'이다.

대중문화는 흔히 시대의 정신을 반영하는 거울이라는 말을 한다. 대중문화는 그저 홀로 존재하는 것이 아니다. 대중문화(상품)는 이익 창출을 위해 생산되는 것이지만 의도하였건 그렇지 않건 그 시대의 저변을 흐르는 정신과 가치를 드러낸다. 왜 한국의 뮤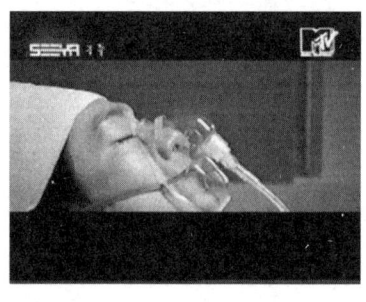직 비디오엔 병원과 환자, 산소 호흡기와 링거가 등장하는 투병 장면이 이리도 자주 나오나? '불치의 병이나 죽음' 따위를 단골 소재로 다루기 때문인데, 난 늘 이렇게 생각한다. 중병에 걸린 한국가요와 문화 그리고 그 바탕을 흐르는 우리 사회의 '병든 정신'의 모습을 상징적으로 보여주는 것이라고. <미친 사랑의 노래>는 오늘날 우리 사회의 다양한 병폐의 단면들을 두루 드러내고 있다는 면에서 대중문화의 중요한 기능을 수행해내고 있다. 이 가요가 우리에게 상기시키고 있는 우리 사회의 정신과 가치들은 무엇인가. 전 세대를 폭넓게 아우르는 거대한 폭력과 일탈의 정서, 허무주의와 염세주의, 인명경시 풍조, 음란과 호색과 술 취함(특히 여성 음주의 급증), 위선과 거짓, 물신주의 가치관 등이다. <미친 사랑의

노래>는 오늘날 가속화하는 도덕의 붕괴와 가치관 오염의 현실 속에서 서서히 미쳐가는 우리 사회의 정신 상태를, 사실은 매우 정직하게 반영해 내고 있는지도 모른다.

추기 ✎ 최근 백지영은 발라드로 변신, <사랑 안해>란 노래로 대히트를 치며 컴백에 확실한 성공 도장을 찍었다. 그러나 이 노래의 뮤직 비디오는 너무나도 착하게 생긴 두 아가씨가 서로의 입을 맞추는 장면으로 시작되는 확실한 '동성애 뮤비'였다. 이 비디오를 찍은 감독은 동성애라는 민감한 노래를 다루기 위해 조감독과 함께 동성애 클럽에 가입해

자문을 받기까지 했다고 한다. 수준급의 연출력을 자랑하는 감독은 소녀티가 물씬 풍기는 두 어린 여자의 동성애를 순수한 사랑, 한없이 아름다운 모습으로 그리고 있다. 그러나 역설적으로, 이 뮤직 비디오가 한 편의 잘 그린 수채화처럼 거부감 없이 만들어졌기에, 동성애에 대한 청소년들의 의식에 끼치는 영향이 엄청날 것이라고 생각한다. 최근 전 H.O.T의 멤버 강타와 바네사의 자켓에 실린 사진도 은근히 동성애 분위기를 연출하고 있는데 노골적이지 않지만 이런 대형 가수의 영향력도 대단할 것이다.

한편, 한국 사회에 있어서 동성애에 대한 일반 인식은 이미 돌이킬 수 없는 강을 건넜다고 본다. 동성애가 '소수 인권'의 문제로 과도히 흘렀기 때문이다. (누가 '인권'에 시비를 걸 수 있나?) 일본에서 들어오는 야오이만화(동성애 만화)나 서구에서 유입되는 동성애 관련 대중문화에 이어 이제 국내 가요, 영화, 드라마가 더 이상 눈치를 보지 않고 동성애 끌어들이기에 적극 나선 만큼, 동성애에 대한 인식변화는 더욱 가속화할 전망이다. 이러한 상황을 아는지 모르는지 한국 교회는 침묵으로 일관하고 있다.

모조 성인의 사회

한 번은 교회 강의 차 지방에 가기 위해 기차를 탔는데, 옆 자리는 빈 채로 앞자리에 젊은 주부와 그녀의 초등학생 아들을 마주하고 여행을 하게 됐다. 그 날 여행 중 흥미를 끈 것이 있다. 바로 앞에 앉은 젊은 엄마와 아이, 두 '신세대 모자(母子)'가 이어폰을 '교대로' 돌려쓰면서 음악을 즐기는 광경이었다. 아이에게 MP3에 무슨 음악이 들어있는지 물어봤다. 주로 발라드 가요였다. 그리고 짐작했던 대로 두 모자는 '나이와 신분을 초월하여' 동일한 '사랑의 발라드'를 감상하고 있었다. 이미 다 아는 얘기지만, 그날 다시  한 번 확인한 것은 오늘날 우리 대중가요에 있어서 어른과 아이가 즐기는 '메뉴'별다를 바 없다는 사실이었다. 물론 성인 전용인 트로트 가요가 있기는 하지만 시장 점유율이 미미하고, 일반적으로 볼 때 우리나라에서 어른가요와 청소년가요의 구분이 더 이상 존재하지 않는 것이 오늘의 현실이다.

TV 드라마 등 대중문화 전반에서 두루 보이는 것이지만 오늘날 한국 사회 문화소비의 '연령층 붕괴 현상'은 대중가요에서 특히 활발히 나타나고 있다. 초·중등생들이 '애수', '섹시한 남자'와 같은 제목의 가요에 심취(!)하고, 일본을 따라가는 듯 3·40대 아줌마들이 나이 어린 가수에 열광하는 모습은 이제 주변에서 흔한 풍경이 되고 있다. 철 다든 어른들이 청소년 문화에 빠져드는 것도 생각해 봐야할 문제지만, 나이 어린 청소년들이 아무 스스럼 없이 성인문화에 '빠져 사는 것'은 보통 심각한 문제가 아닐 수 없다.

조숙함 부추기는 성인가요

2006년 초 한국교육개발원 등이 언론에 발표한 바에 따르면, 요즘 우리 아이들의 '조숙함'이 일반의 상상을 훨씬 뛰어넘는 지경인 것으로 나타나고 있다. 초등학생 20명에 대한 심층 면접에서 "죽음에 관해 고민해 본적이 있느냐"고 물었더니 15명이 "그렇다"고 대답했다. 한 초등학교 교사는 "5학년이 되면 중고생처럼 무엇이든지 하기 싫어하는 '귀차니즘'이 나타나고, 허무주의에 빠지는 경향이 짙다"고 했다. 이러한 현상을 사회학자들은 '과잉사회화'라는 말로 설명하고 있는데, 전문가들은 우리 어린이들의 비정상적 조숙화의 원인으로 TV와 인터넷, 그리고 논술을 의식한 '무차별 독서' 등을 꼽고 있다. 미디어와 왜곡된 교육이 주범이라는 것이다. 여기에 더해 필자는 한국 대중가요가 우리 어린이들의 이런 '돌연변이식 조숙'에 대단히 큰 '기여'를 하고 있다고 믿고 있다. 슬픈 사랑과 이별 그리고 죽음을 주로 노래하는 발라드

가요가 아이들에게 어려서부터 '인생의 허무함'을 가르치고 있는 것이고, 노골적인 성 표현으로 무장한 댄스 가요들은 아이들에게 일찍부터 '어른의 부도덕한 성(性)의식'을 주입하고 있다는 것이다.

90년 대 이후 우리 대중가요 수용자의 연령층은 과거에 비해 상대적으로 많이 낮아졌다. 대중가요의 주 소비 계층을 10대와 20대로 본다면 90년대 이후 10대의 비중이 현저히 높아졌고 10대 중에서도 로틴(low teen: 10대 전반)의 대중음악 소비가 급격히 늘어났다는 것이 일반적 견해이다. 요사이 초등학생들의 주관심사는 연예인 그중에서도 대중가수들의 일거수일투족에 관련된 것이다. 인터넷 어린이 사이트에는 가수들의 근황과 함께 어린이들을 위한 '인기 가요 차트'가 게재되어 있는데 차트 순위의 내용은 일반 성인 가요 순위와 별다를 바가 없다. (2006년 8월 첫째 주 유명 포털의 어린이 사이트의 가요 차트에는 성인가요 순위가 그대로 소개되고 있는데, 씨야의 <미친 사랑의 노래>가 1위를 차지하고 있다.)

대중가수가 청소년 제자화

또 요즘 MTV, Mnet 등 국내 대표 음악 케이블을 보면 타이틀이나 프로그램 중간에 삽입되는 이미지들이 초·중등생들을 겨냥한 듯 다분히 '유아적 분위기'가 강화되고 있음을 알 수 있다. 이는 로틴을 겨냥한 마케팅으로, 그들을 대중음악의 주 고객으로

대접해주는 동시에 그들을 '영원한' 미래의 소비자로 붙잡아두고자 하는 전략이 숨어있음을 짐작케 한다. 뮤직 비디오와 라이브 콘서트, 그리고 자극적이고 다양한 연예 이벤트가 광고인지 프로그램인지 분간이 안되는 스타일로 꾸며지는 음악전문 방송은 케이블망과 인터넷 그리고 패스트푸드점 등 광범위한 경로를 통해 오늘날 청소년들의 의식과 가치관, 그리고 라이프스타일 전반에 걸쳐 나아가야할 방향과 모델을 제시하는 거대한 '지휘소'와 같은 역할을 하고 있다. 그런데, 이 친절한 교사이자 강력한 지휘소인 음악 TV가 대중가요와 가수들을 통해 아이들에게 가르치는 가치관과 패션(fashion), 언어습관, 사랑의 방식 등 생활양식이란 것이 주로 성인 세계의 것이고, 나아가 기독교의 입장에서 볼 때 성경이 가르치는 가치와는 거리가 '너무나' 먼 것들이라는 게 문제다.

가치관이 미성숙하고 감수성이 예민한 시기를 사는 청소년들은 문화에 대한 왕성한 호기심과 식욕으로 숨이 물을 빨아들이듯, 무비판 무의식적으로 대중문화를 소비한다. 그리고 오늘, 이들이 가장 선호하는 대중문화는 가요이다. 한국 대중가요는 오늘 학교와 학원을 오가는 강도 높은 스트레스에 시달리는 우리 청소년들에게 대리만족과 욕구분출의 통로가 되는 동시에 '삶의 교과서' 역할을 하고 있다. 사실 대중가요와 스타들은 한 국가, 나가서는 지구촌의 전 청소년들을 '제자화'하기도 한다. (미 수퍼 여가수 브리트니 스피어즈의 야한 옷차림이 미국과 유럽 아시아, 나아가 아프리카 청소년들의 옷차림에 까지 영향을 끼친다.) 문제는, 오늘날 대중가요가 청소년들에게 그들의 것이 아닌 성인의 가치관과 라이프스타일을 주입함으로써 그들로 하여금 '모조성인'의 삶을 살아가도록 부추기고 있다는 것이다.

수많은 청소년이 또래의 삶을 살지 못하고, 어른의 사고와 감성과 문화를 자신 안으로 끌어들여 '고독과 죽음과 섹스'를 논하는 '애 어른'으로 살아간다는 것은 개인의 불행을 넘어 사회 병리적 문제이다. - 이런 '애 어른'이 나중에 '어른 아이(애 같은 어른)'이 될 확률도 크다 - 개인적으로, 대중가요를 통한 이런 '정체성 파괴'의 문제가 대중음악이 청소년에게 끼치는 폐해 중 가장 심각한 문제일 수 있으며 이 배후에, 청소년기에 그들의 정체성을 교란하여 삶을 황폐화시킴으로써 하나님이 일생에 걸쳐 '점진적'으로 주시려고 하는 '건강하고 풍성한 생명'을 차단하려는 마귀의 교활하고 사악한 역사가 도사리고 있을지도 모른다는 생각을 한다.

(추기) 예전엔 늦은 밤 나이트클럽에서나 볼 수 있었던 천박하고 야한 광경을 언젠가부터 '전체 입장 가'의 대중가요 콘서트나 라이브 비디오, 케이블 TV 에서 일상적으로 보고 있다. 세상 바뀐 걸 모르는 바 아니나 이런 문화 상품을 통해 돈을 버는 사람들에게 묻고 싶다. 솔직히

자신들의 가족(아이)에게도 이런 걸 자신 있게 들려주고 보여주고 싶은지..

한편, 대중가요와 관련, '비정상적 조숙화'의 문제와 함께 또 하나 생각해 볼 것은 '취향'의 문제이다. 감수성이 예민한 청소년기에 일단 좋아했던 대중음악 가수와 취득한 음악적 취향은 한 번 뇌리에 '각인' 되면, 평생 동안 거의 지워지지 않는다. 예를 들어, 청소년기에 록에 심취하면 못 믿겠지만, 나이가 들어서도 록 음악 애호가로 남는 경우가 대부분이다. 필자의 주변을 둘러보아도 그렇고, 청소년기에 록 음악을 듣고 자란 미국의 베이비붐 세대가 5,60이 된 지금 록 콘서트의 주 고객으로 자리 잡고 있는 현실이 이를 여실히 증거 한다. "록 음악은 젊은이의 음악"이란 말은 어떤 의미에서 이미 옛 얘기이다. "10살 음악 감상 버릇이 여든까지" 가는 것이다.

또 사람 안에 축적된 것 중 나이가 들어서 가장 늦게까지 남는 것이 음악이라는 보고도 있다. 청소년기에 어떤 음악을 즐기는가라는 문제는 대단히 중요하다. 청소년기에 대중음악 듣는 걸 나무랄 수 없겠으나 어려서부터 성인취향 가요나 록을 일상에 "달고 사는 것"은 문제다.

양아치 문화

　4년 만에 4집 앨범 '싸집'을 내놓은 가수 '싸이'가 방송과 음반판매, 공연 순위 등에서 1,2위를 차지하는 등 인기가 치솟고 있다. 지난 2001년 앨범 <Psy from the Psyco World(사이코 세상에서 온 싸이)>로 데뷔한 싸이는 파격적 노래 가사와 행보로 그간 신세대들에게 선풍적 인기를 끌어왔다. 연전, 그가 선보인 '새됐어'라는 유행어와 일명 '파닥이' 춤은 군인들로부터 동네 꼬마에 이르기까지 광범위한 '싸이 열풍'을 불러일으키기도 했다. 방송가와 공연장을 종횡무진 누비면서 다시 한 번 유감없이 '끼'를 발산하고 있는 싸이의 인기 비결은 과연 무엇일까? 그다지 잘 생기지 않은 외모와 촌스러운 의상과 춤, 그리고 욕설이 난무하는 랩 등 기존 연예인의 고정틀을 깬 '엽기적 건달'의 튀는 모습으로 사회비판적 가요를 부른 것이 욕구해소 출구 찾기에 갈급한 신세대에게 "제대로 먹혔다"는 게 중론이다.

신세대의 영웅 싸이

　청소년들 사이에서는 "우리 사회의 위선을 직설적으로 비판하는 싸이의 거침없는 용기와 솔직함이 자신을 이해하는 것 같아 스트레스가 확 풀린다"는 고백이 심심치 않게 나온다. 싸이는 위선과 가식이 싫어서 일부러 싸이(싸이코, 미친놈) 라는 예명을 지었으며 이 '미친 세상'에서 예의범절을 갖추고 사는 것은 스스로를 속박하는 것이어서 남의 눈치를 보지 않고 자유를 누리기 위해서 스스로 '미친 놈'이 되기로 했다고 말한다.

이러한 싸이의 파격적 모습은 이른바 '양아치 문화'라는 유행어를 탄생시키며 청소년들 사이에 하나의 새로운 영웅적 모델로까지 떠오르고 있다. 사회학자 등 전문가들은 이러한 싸이와 같은 반지성적 대중문화의 붐을 근래 불안한 우리 사회가 빚어내고 있는 하나의 독특한 문화 현상으로 진단하고 있다. 이러한 현상의 이면에는 우리 사회의 치열한 경쟁에서 낙오되거나 소외된 사람들이 하위문화를 통해 자기만족을 추구하거나 열등감을 극복하려는 심리, 혹은 전통적 가치 규범과 정의가 실종되고 있는 현 세태에 대한 암묵적 동조 의식 등이 강하게 깔려 있다고 분석한다.

그러나 여기서 한 가지 짚고 나가야할 중요한 문제가 있다. 노랫말이다. '싸이식 사회비판'의 언어세상을 한 번 들여다보자. 나이트클럽 부킹 등 주로 밤 문화를 소재로 하고 있는 그의 노래들은 주로 자신의 경험담을 토대로 만들었다고 하는데, 그의 '야한' 춤만큼이나 자유분방한(?) 그의 성(性)의식을 거침없이 표현하고 있다. "fucking(성행위), 그렇게 그게 나쁜 것은 아니지. 사람과 사람이 만나는 이유지...에라 모르겠다 찍사다 나 몰라라 배째라

속으로 좋아도 겉으론 삿대질 누가 뭐래도 I love sex..” ('I Love Sex'), "다리 꼬고 앉은 넌 Sexy 그런 넌 drive me crazy..얼큰하게 한잔 걸쳐 1212 같이 춤춰..이성 따위는 버려 버려 버려..."('놀아보자') "하고 싶다 미치더니 자고 싶다 졸르더니 더 깊게 느껴달라 속삭이던 독한년아" ('나쁜 년') "그래 너 처녀냐? 비켜 난 처녀 같은 거 안 먹어 왜 오빠보니까 xx가 벌렁벌렁 했냐?" ('처녀논쟁') "너무나 사랑스런 애기야 왜 그리 망설이는거야 이제야 너도 원한 걸 해야 그래야 성인이야 오빨 믿고 따라와 자기야" (박지윤의 '성인식'을 패러디한 노래 '신고식') 20곡 중 16곡이 방송 불가 판정을 받았던 싸이의 데뷔 앨범 자켓에는 남자의 성기 그림과 여자의 팬티 사진이 보란 듯 실려 있다.

사회 비판 빙자한 퇴폐 가요

이번에 나온 4집 앨범에서는 3곡이 방송 불가 판정(MBC)을 받았는데 방송 심의와는 무관하게 유통되는 음반의 경우 14곡이 다 실린 상태로 발매되었다. 2006년 8월 14일 현재 청소년에 대한 아무런 경고 스티커나 등급표시 없이 '자유롭게 판매되고 있는' <싸집> 수록곡 중 '나는 양아치'의 가사 중 일부다.

"이런 개돼지 같은 닌기미 씨팔갈보년들아
입만 벌리면 구라 젖가슴에는 뽕브라
미와 지를 겸비해 재벌에게 다리 벌려 팔려가드라
그렇게 절세미인은 개주고 남는 년들은 매주고

어쩌겠어 가진 거라곤 이빨가는 재주고
애써 있어 보이는 척 뻥튀기 치고 다니다
보면 꼭 있어 걸려드는 년들
백마탄 왕자 난 백마탄 환자
유사품에 걸려들면 땡큐베리 감사
매력과 재력의 냄새에 끌려 홀려 꼴려
벌거벗은 미친년들 개떼처럼 몰려
멋지게 살어 내 멋대로 살어 거칠게 살어
내 법대로 살어 꼴리는 대로 살어
꼴리지 않으면 말어 간지에 죽고사는 양아치라 하네"

이른바 사회비판적 노래를 통해 신세대들의 억압된 욕구를 해소시켜주는 역할을 하고 있다는 찬사를 한 몸에 받고 있는 이 시대의 영웅 싸이. 그의 파격적 노래가 위선과 모순이 만연한 우리 사회의 모습을 풍자하고 있다는 점을 일면 인정한다고 하더라도 그의 언어 표현 수위는 도를 넘어도 한참 넘어가고 있다. '사회비판'이라는 말이 이런 더럽고 추한 표현의 문제에 과연 면죄부를 줄 수 있는가? 사회비판 또는 풍자라는 '미명' 하에 음란과 퇴폐의 온갖 저급한 언어와 가치가 정당화되고, 흥행에 성공 했다는 이유만으로 모든 것이 용납되고 나아가 예찬되는 지금 우리의 현실은 정말 아무런 문제가 없는가? 이 시대 문화의 주체인 청소년과 젊은이들은 "내용이야 어쨌든 재미있고 스트레스가 풀리면 그만이고 잘 팔리면 최고"라는 생각이 얼마나 어리석고 위험한 생각인지를 깨달아야 한다. '섹스'와 '사회비판 의식'을 교묘히 결합하여 인기를 끄는 이런 식의 비판가요들은 허위의식과 오만에 가득 찬 저질 퇴폐가요 그 이상 그 이하도 아니며, 말 그대로 3류 '양아치 문화'일 뿐이다.

추기 여성들을 줄 곧, 속으로는 섹스를 밝히면서도 겉으로 '내숭'을 떠는 위선적 존재로 묘사하고 있는 싸이의 여성관은 〈생활의 발견〉, 〈해변의 여인〉 등을 만든 영화감독 홍상수의 그것을 연상케 한다. 또한 '섹스'를 즐거운 놀이(game)로, 혼전 순결을 우리 사회의 소위 '성性 엄숙주의'에 의한 억압의 결과로 풀이하며 젊은이들에게 '자유로운 성'을 설파하는 박진영과도 많이 닮았다.

한 번은 싸이가 Y대 대학원 강의시간에 초청된 모습이 방영된 적이 있다. 싸이에게 '감격해 하던' 한 여학생의 모습이 잊혀 지지 않는다. 대학이 "지성의 전당"이라는 말은 이미 옛 이야기가 되었지만 기독교정신 하에 설립된 대학마저 대중연예인들의 놀이터가 되고 있는 현실이 슬펐다.

몇 년 전 박진영이 프로듀스하고 박지윤이 부른 〈할줄 알어〉와 〈성인식〉, 그리고 박진영 자신의 파격적 성의식을 담은 앨범 〈게임〉이 발매되었을 때 기독교계에서 제동을 걸고 나왔다. 당시 '기윤실(기독교윤리실천)'은 방송사에 방송금지 요청 공문을 보내는 등 '성문란 가요' 확산을 저지하는 노력을 기울여 소기의 성과를 거두기도 하였다. 이런 '저질'가요가 남발되고 자유롭게 유통되는 여러 원인이 있다. 첫째로, 대중가요시장의 침체가 장기화 되면서 보다 자극적인 내용으로 승부를 걸려는 풍토가 만연하고 있는 점이다. 둘째, 지난 10여 년 간 문화예술에 대한 '표현의 자유 확대' 분위기가 대세를 이루면서 대중문화에 대한 여과 견제 장치가 대폭 축소된 결과다. 셋째, 대중문화에 대한 경제적 가치평가 상승으로 인해 대중가요에 대한 윤리적 요구가 줄어들거나 무시되는 경향을 들 수 있다. 나아가 학업, 취업 등으로 인한 우리 청소년과 청년들의 중압감이 '상당히' 과중하고, 이러한 스트레스의 탈출구로 각광받는 대중가요가 이에 비례하여 '자극의 강도'를 높이고 있는 측면도 있다고 본다.

저질 퇴폐 문화의 폐해로부터 우리 청소년을 보호하기 위한 방법으로 학부모와 학교, 교회, 언론, 시민단체 등의 이 문제에 대한 관심과 각성이 촉구된다. 비슷한 경제수준의 다른 나라에 비해 우리 가요의 오염도가 높다. 이 문화에 대한 감시 활동, 제도 개선 등 보완 노력이 시급하다. 대중가요에 대한 사전 심의제 폐지 이후 운영되고 있는 현행 사후심의제는 사후약방문식 취약성으로 인해 퇴폐 저질 가요 억제에 한계를 보이고 있다. 이런 상황에서 교회가 '문화 파수꾼'으로서의 역할을 보다 적극적으로 감당해야할 필요를 느낀다. 어둡고 오염된 문화로부터 우리 청소년들을 지켜내고 나아가 세상의 타락한 문화를 하나님 보시기에 선한 것으로 되돌리기 위해 헌신하고자 하는 '의식 있는' 성도들이 많이 나와야 한다.

'카우치' 사건이 의미하는 것

2005년 7월 30일. MBC '생방송 음악 캠프'에 출연한 인디 밴드 '카우치' 멤버들이 공연 도중 갑자기 하의를 내려 성기를 노출하는 충격적인 사건이 일어났다. 이 장면은 그대로 전파를 타고 안방에 전달됐고, 사회적으로 일대 파장을 불러 일으켰다. 대한민국에서 일어난 아마도 사상 초유의 이 '생방송 성기노출 사건'은 밴드 멤버 2 명이 구속됨으로써 생각보다 빨리 종결되었다. 여론 또한 성기노출 행위는 비난받아 마땅하지만 이 사건으로 인해 인디 (indie : 소예산으로 제작되는 '비주류' 음악이나 영화) 문화가 위축되거나 후퇴하는 일은 없어야 한다는 '예상된 결론'으로 정리되었다. 카우치 사건이 우리 기억에서 완전히 사라지기 전 이 사건이 주는 의미를 한 번 생각해 볼 필요를 느낀다.

금기 영역 넘어간 대중가요

먼저 이 사건은 어느 날 갑자기 돌발적으로 일어난 사건이 아니라, 과거 문민정부 시절 단행된 '대중가요에 대한 사전 심의제 철폐'를 시발로 그간 우리 사회에서 꾸준히 진행되어온 대중문화에 대한 '무제한·무조건적 여과·견제·안전장치' 제거 작업의 결과로서 일어난 사건이다. 크게 보아 이 사건은 한국 땅에서 지난 10여 년 간 무소불위의 힘을 발휘해 온 문화예술에 대한 '표현의 자유 확대'와 '문화의 다양성 추구'라는 구호 아래 이미 위험 수위를 넘어 금기(禁忌)의 영역으로까지 넘어 들어간 우리 대중문화의 한 단면이 표출된 사건이다. 그간 견제와 감시 장치가 무장해제된 상태에서 갈 데까지 간 '괴물'과 같은 우리 대중문화의 실체와, 그 가운데 '무참히 내동댕이쳐진' 불쌍한 우리 청소년들의 모습을 주님이 우리(그리스도인) 앞에 한 번 보라고 펼쳐 보여주신 사건이다.

어떤 면에서 이 사건은 그간 정부를 위시한 방송사 등 언론이 주축이 되어 이 문화를 과도하게 부추겨 온 사실에 기인하는 바가 크다. 그간 우리나라 문화와 여론 주도세력은 이 문화의 문제점을 간과하거나 묵인한 채 오로지 '문화의 다양성 제고와 음악산업 활성화'라는 명분을 앞세워 인디예찬론을 부르짖으며 이 문화를 적극 지원, 지지해 왔다. 1999년 정부(문화관광부)가 앞장서 국고(國庫)를 지원해가며 당시 인디계의 숙원이었던 라이브 클럽 합법화를 성사시켜준 것이 대표적 예다. 당시 이 문화가 불러올 수 있는 퇴폐적 상황과 청소년 보호와 같은 문제는 거의 무시됐다. 카우치 사건은 이러한 지원을 바탕으로 그간 인디음악이 한국사회에서 이룩한 '격에 지나친' 문화적 위상(당당한 공영방송 쇼프로출연!)을 확인해준 사건이다.

많은 사람이 인디를 잘 키우고 지원해야 음악시장이 좋아질 것이라는 막연한 생각을 가지고 있다. 부분적으로 맞는 말일 수 있으나 한편, 현실을 모르는 지나치게 낭만적이고 순진한 생각일 수 있다. 오랜 시간 대중음악산업 현장에 몸 담았던 경험으로 감히 말하건대, 말은 좋으나 현실은 그렇게 간단치 않다. 지난 10년간 인디는 성장했을지 몰라도 우리나라 전체 음반시장은 4분의 1로 줄어들었다. 음악 산업은 시장 논리에 맡기는 것이 바람직하다. 특정 분야를 지원한다고, 활성화한다고 '좋은 예술', '돈 되는 예술'이 나오는 것은 아니다. '문화의 다양성' 또한 인위적으로 만들어지는 것이 아니다. 자생적으로 형성되는 측면이 크다. 대중문화는 어떤 면에서 그대로 두면 알아서 간다. 때가 되면 좋은 음악이 나오고, 음악이 좋으면 반드시 뜨게 되어있다. 음악소비자들이 만만하지 않다. 대중문화에 근접해 있는 음란, 퇴폐, 약물, 폭력, 청소년 탈선과 같은 문제를 지속적으로 감시하고 문화 예술이 공정하게 경쟁할 수 있는 분위기를 조성해 주는 것이 정부와 언론이 할 일이다.

분노와 좌절의 음악

10여 년 전 서울 홍대 앞 클럽을 중심으로 시작된 한국의 인디는 그간 양적으로 급팽창하면서 한국 대중문화의 주요 문화코드로 자리매김했다. 현대음악, 재즈, 월드뮤직 등 예술 지향적이고 다양한 장르의 음악을 두루 포괄하는 서구와는 달리 한국의 인디는 그런지(grunge), 하드코어, 힙합, 테크노 등 주로 록 음악에 편중해 성장했고 그 중심에는 펑크(punk)록이 자리 잡고 있다.

'분노와 좌절의 음악'으로 일컬어지는 펑크(펑크란 용어는 남자 감옥에서 여성 역을 맡은 동성애자를 일컫는 말에서 유래함)는 70년대 영국에서 출현한 이래 그간 다양한 형태로 진화하면서 90년대 얼터너티브 록 등을 탄생시키기도 했는데, 지난 10년간 한국 인디 문화에 절대적 영향을 끼쳤다. 기성가치와 제도, 엘리트주의에 대한 강한 냉소와 조롱, 분노 표출의 정서를 핵심으로 하는 펑크는 그간 교육적, 사회적, 경제적 좌절자(특히 젊은이)를 양산해 온 한국 사회의 분위기와 맞물리면서 한국의 인디문화를 더욱 무정부주의적이고, 일탈적이고, 급진적이며 한편으로는 퇴폐적인 방향으로 몰고 갔다. 카우치의 성기노출 사건은 대중음악사의 사회학적 큰 그림으로 보자면 1950년대 엘비스로 출발한 로큰롤이 비틀즈(음반 자켓에 자신과 부인 오노 요코의 성기를 공개적으로 드러낸 최초의 로큰롤 스타가 존 레논이다)와 섹스 피스톨즈를 거치고 커트 코베인(한국 인디의 정신적 모태가 됨)을 지나 21세기 한국의 인디로 그 한 줄기를 이어가고 있는 흐름을 보여준다.

끝으로, 이번 사건은 한편으로는 정치적·이데올로기적 냄새를 풍기고 있다. 이번 사건은 우리 사회의 문화 권력을 장악한 일단(一團)의 문화운동세력이 인디 밴드를 '자본주의의 부조리와 모순을 징벌하는 문화의 십자군'으로 내세워 주류문화 공격을 통해 사회 변혁을 꾀하려한 일종의 '문화 혁명' 과정에서 일어난 하나의 해프닝적 측면이 있다. 이 사건은 오늘날 우리 문화예술을 병들게 하고 있는 문제들, 즉 문화예술에 대한 과도한 정치적 개입과 조작, 급진적 반지성주의와 문화상대주의, 베끼기와 한탕주의, 속임수, 기회주의적 예술비평, 문화에 대한 맹목적 낙관주의 등 우리 사회의 반예술·반문화적 (반기독교적) 행태가 합작해 만들어낸 사건일 수 있다. 카우치 사건은 '문화의 세기'를 맞은 한국의 문화예술계와 우리에게 엄숙히 묻고 있다. 무엇이 진정한 예술이고 과연 무엇이 바람직한 문화의 다양성인가?

대중음악 속의 어두운 그림자

2005년 10월 3일 경북 상주 시민운동장에서 지역 자전거축제 행사의 하나로 예정된 'MBC 가요 콘서트' 녹화 무대를 보기위해 온 수 천 명의 시민들이 한꺼번에 입구로 몰리면서 넘어져 11명이 사망하고 100여명이 부상하는 참사가 발생했다. 이 사고는 지방자치단체와 경찰, 기획사와 방송사의 안전 불감증과 무대책 그리고 주먹구구식 편법 덤핑 기획에 시민들의 무질서가 가세해 일어난 사건으로, 사망자와 부상자는 대부분 노인과 어린아이들이었다.

이 사고는 필자가 기억하는 한 대중음악 공연 사상 일어난 가장 큰 사망 사고 중 하나다. 국내외를 막론하고 이 정도의 사상자를 낸 '공연 압사사고'는 거의 없었던 것으로 안다. 특히 젊은이 위주의 록 공연이 아니라, 방송프로 녹화를 위해 남녀노소가 함께하는 일반 대중음악 공연에서는 찾아보기 힘든 케이스다. 공연 문화가 우리보다 한 발 앞서 간 서구에서는 주로 록 콘서트에서 이런 사고가 발생한다. 이 사고와 유사한 사고가 1979년 미 신시내티에서 있었다. 공연 중 기타를 때려 부수는 등 과격하기로 소문난 록 그룹 '후(The Who)'의 컴백 콘서트에 모여든 수 천 명의 록 팬이 좋은 자리를 차지하기 위해 앞 다투어 입구로 몰려들었다가 11명이 밟혀 숨지고 수십 명이 부상하는 사고가 일

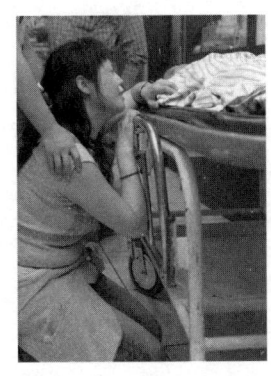어났다. 사망한 사람의 수가 같고, 출입구를 적시에 적절히 개방하지 않은 것이 사고의 직접적 원인이 되었다는 점이 상주 참사와 유사하다. 한 가지, 신시내티 사고에서 주목할 점은 사람이 11명이나 죽는 대형 사고가 발생했음에도 경찰은 이를 관객에게 알리지 않고 공연을 강행시켰다는 사실이다. 만약 공연을 중지 시킬 경우 이성을 잃은 관중들의 항의와 난동으로 인해 또 다른 사고가 일어날 수 있는 개연성이 있었기 때문이다. 이는 대규모 대중음악 공연에 잠재하고 있는 위험한 폭발성의 또 다른 단면을 보여준다.

대중가요로 목숨 잃는 청소년

국내 공연 사고 중 아직도 많은 이들이 기억하는 것이 1992년 3월에 있었던 미 인기 그룹 '뉴 키즈 온 더 블록' 내한 공연 시 여고생이 압사한 사건이다. 외국 가수의 내한 공연에서 청소년 관객이 사망하는 대한민국 역사상 초유의 사건이 일어나자, (필자도 당시 그 자리에 있었다) 당시 언론에서 이 사건을 대서특필 하는 등 온 나라가 한 동안 떠들썩했던 기억이 새롭다. 그러나 '뉴 키즈 사건'을 시작으로 그간 국내에서는 콘서트 중 여학생들이 집단으로 실신하는 사건을 비롯해 대중음악 공연 또는 대중음악 가수와 관련한 사건과 사고가 끊이지 않았다. 인기 가수가 자살하자 소녀 팬들이 연쇄적으로 추종 자살하는 사건도 있었다.

상주 참사는 그간 외양적 성장을 지속해 온 한국의 대중문화가 내실에 있어 여전히 후진성을 면치 못하고 있는 현실과 함께, 대중문화 속에 사람의 목숨을 앗아가기 까지 하는 어두운 일면이 존재하고 있다는 사실을 다시 한 번 일깨워 주고 있다. 사람이 즐기자고 모인 자리에서 다수의 사람들이 목숨을 잃는 이런 대형 참사는 이 문화 속에 사단의 악한 역사가 개입되어 있음을 짐작케 한다.

이 사건에서 다시 한 번 깊이 생각하게 되는 문제 중 하나가 대중문화와 미디어 그리고 청소년 보호에 관한 문제이다. 이 사건 후 'MBC PD 일동' 명의로 나온 사과문에서 MBC는 국민들에 대한 사과와 함께 유족에게 위로의 말을 전하면서, "가요 콘서트가 문화적으로 소외되기 쉬운 '중장년층 대상의 트로트 음악프로그램'으로, 지방에 사는 국민들에게 문화 향수의 기회를 제공하는 '공영방송의 대국민 서비스'의 하나로 마련된 프로그램임"을 강조하였다. 그러나 한편 이 공연에는 어른들이 좋아하는 설운도, 태진아, 김수희 등 트로트 가수들 외에 휘성, SS501 등 신세대 가수들도 함께 공연을 할 예정이었던 것으로 보도된 바 있다. 그렇다면 이 공연은 단순히 어른들만을 위한 공연이 아니라 청소년 관객도 대상으로 한 것으로 볼 수 있다. MBC의 말대로 중장년층을 대상으로 한 콘서트였다면 어린이 사상자가 발생하는 비극이 일어나지 않았을 확률이 크다. MBC는 이 사건에 앞서 청소년들이 주로 시청하는 프로그램에 인디 밴드를 출연시켜 생방송 도중 돌발적으로 성기를 노출하는 사건이 일어나도록 방치해 물의를 빚은 바 있다.
 방송사는 공영방송으로서 본분을 깊이 생각하면서, 사회적 약자인 청소년 보호에 보다 세심한 배려와 노력을 아끼지 말아야 할 것이다.

대중가요 뮤직비디오의 문제

지난 80년대 초, 24시간 인기가수의 음악 비디오만을 방영하는 미국의 음악전문 케이블 방송인 MTV(Music Television)를 통해 본격화하기 시작한 '뮤직비디오'는 현대 대중음악 산업에 있어서 가장 발전이 두드러진 분야로 평가된다. 21세기의 문턱을 넘어선 지금 뮤직비디오는 단순히 음악을 담은 영상물이라는 차원을 뛰어 넘어 대중문화의 중심적 위치에서 현대 대중문화를 리드하는 가장 영향력 있는 매체 중 하나로 날로 그 위상을 강화하고 있다. 한국에서 뮤직비디오가 대중음악산업에서 가지는 입지와 비중은 절대적이다.

현재 국내 뮤직비디오는 Mnet, KMTV, MTV등 음악전문 유선 채널을 중심으로 공중파 TV와 인터넷, 모바일 그리고 청소년들이 주로 이용하는 패스트푸드점 등 다양한 경로를 통해 광범위하게, 배급·시청되고 있다. 한국 모바일 산업이 세계 제1의 경쟁력을 확보하게 된 데에는 국내 뮤직비디오의 폭발적 성장이 기여한 바가 적지 않다. 수년 전부터 뮤직비디오는 우리 대중가요 흥행의 큰 변수로 작용해오고 있다. 작품의 창의력과 완성도, 가창력 등 대중음악에 대한 고전적 평가 기준이 여전히 유효하지만, 근래에는 뮤직비디오의 인기도에 따라 가요의 흥행이 좌우되는 경향이 커지고 있다. 뮤직비디오를 통한 마케팅에 승부를 거는

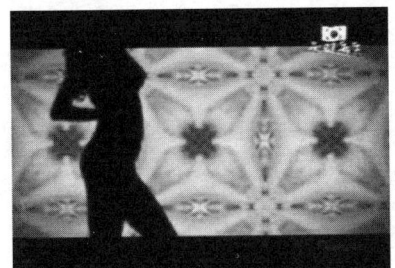 

제작사와 가수들이 늘어나는 추세다. 이러한 분위기 속에서 뮤직비디오에 유명 연기자를 출연시키는 호화캐스팅과 해외 로케이션 등 거액의 예산을 투입하는 뮤직비디오 제작과 마케팅이 하나의 흐름을 형성하고 있다.

오염도 심각한 뮤직 비디오

한국의 뮤직비디오는 90년대 중반 이후 대중가요의 표현과 소비에 있어서 새로운 장을 열어 보인 긍정적 측면이 있는 것이 사실이지만, 이와 함께 적잖은 부정적 단면을 드러내고 있는 것 또한 사실이다. 근래 과열 양상도 나타나고 있는 가운데, 과거 대중음악의 부속적 매체였던 뮤직 비디오가 대중음악의 중심적 요소로 탈바꿈하면서 이 문화가 가진 기능과 가치가 과장, 왜곡, 기형화하는 모습을 보이고 있다. 특히 뮤직비디오의 내용에 있어서 저질, 퇴폐, 음란, 폭력, 가치관 왜곡 등 오염도가 심화하고 있다. 국내에서 발표되는 대중가요 뮤직비디오를 지속적으로 모니터하여 자료집을 내고 그 결과를 축적해 온 학부모 대중가요 비디오 모니터 모임인 '저동문화교실'(영락교회)은 매년 말 발표회를 갖고 그해 나온 뮤직비디오를 모니터한 자료집을 내놓는다.

2005년 말 나온 모니터 보고서는 현재 우리나라 뮤직비디오의 오염도가 우리의 상식과 상상을 훨씬 뛰어넘는 심각한 수준에 이르고 있는 실태를 적나라하게 보여주고 있다. 성인물을 방불케 하는 음란한 영상의 음악 비디오들이 '12세 시청가'라는 자막과 함께 버젓이 방송되고 있다. 총기와 살인이 난무하는 폭력적 범죄 스토리가 사랑과 우정이라는 옷을 입고 낭만적 드라마로 그려진다. 죽음을 미화하는 위험한 내용의 뮤직 비디오도 끊이지 않는다. 문제는 뮤직비디오 문화의 주 소비계층이 우리의 어린 청소년들이라는 것이다. 요사이는 초등학생에게까지 뮤직비디오가 그들의 가장 친숙한 문화 중 하나로 자리 잡고 있다.

'영상과 음악과 스타'가 결합된 그야말로 '완벽한 오락물'인 뮤직비디오가 한창 감수성이 예민하고 모방 심리가 강한 우리 청소년들에게 어떤 영향을 끼칠 것인지는 불 보듯 뻔한 노릇이다. 대중문화 전반에 대한 견제와 감시, 시민의 관심이 과거에 비해 현저히 약화된 가운데 퇴폐 오염의 문제가 심화하고 있는 대중문화의 현실과, 그 가운데 적절한 보호 장치 없이 무차별 '방치되고 있는' 우리 청소년들을 다시 한 번 생각하게 된다. 어두운 세상의 빛과 소금으로, 문화의 파수꾼이자 변혁자로 부름 받은 그리스도인들의 관심과 기도, 행동이 절실하다. (<가요 뮤직비디오 모니터 보고서>는 무료로 구할 수 있다. 전화 2280-0148)

메시아와 god

연일 쏟아져 나오는 TV의 월드컵 프로를 시청하던 중 한 인터뷰 장면이 눈길을 끌었다. 기자가 응원에 나서고 있는 한 잉글랜드 축구팬에게 축구에 대하여 묻자, 다음과 같이 대답을 한 것이다. "축구는 나의 종교(religion 신앙)입니다." 이 말을 듣는 순간, 필자의 머리 속에 얼마 전 TV에서 보았던 또 다른 인터뷰 장면이 떠올랐다. 이른바 한류 열풍의 주역으로 일본에서 최고의 인기를 구가하고 있는 배우 배용준씨가 일본을 방문했을 때 방영된 내용이다. 자신이 좋아하는 '욘사마'(배용준씨에 대한 일본 팬들의 존칭)가 무대에 선 것을 먼 발치에서 지켜보고 있는 일본의 중년 여성 팬에게 한국 기자가 소감을 묻자, 수줍은 미소를 띠며 그녀가 한 대답이었다. "이제 죽어도 여한이 없습니다."

필자는 위의 열혈 축구팬과 배용준 팬의 말 속에 약간의 과장과 유머가 들어있을 수 있다는 사실을 인정하지만, 그들이 그들 삶 속에 자리 잡고 있는 축구(스타)와 인기 배우에 대한 '크기'를 어느 정도 정직하게 드러낸 것으로 받아들인다. 이 두 사람의 답변이 상통하고 의미하는 것은 무엇인가? 스포츠와 영화 등 대중문화에 대한 현대인들의 열광과 환호가 '어떤 지점'을 넘어서고 있다는 것을 암시해주고 있지 않은가?

종교화하는 스타 숭배

필자는 이들의 말 속에서 오늘날 대중문화가 단순한 '즐김'의 차원을 넘어 '숭배'의 차원에 도달함으로써, 문화가 일종의 종교적 위상을 확보하고 있는 현실을 재확인한다. 결혼한 40대의 여성이 자신의 거실에 배용준의 사진을 넣은 액자를 여럿 '모셔두고' 액자 앞에 나아가 '진지한 모습으로 묵상'을 하는 욘사마 팬의 모습은 필자에게 분명 스타 사랑의 차원을 넘어선 종교적 그 무엇으로 읽혀진다. 또 하나의 장면. 얼마 전 브라질 리우데자네이루의 코파카바나 해변에는 20세기와 21세기를 거쳐 활동하고 있는 최장수 록 그룹인 롤링 스톤스 콘서트가 열렸다. 세계 순회 공연 중의 하나로 벌어진 이날 공연에 모인 인파는 '물경' 120만 명이었다. 이 지구상에서 어떤 정치 집회나 종교 집회가 한 자리에 이처럼 많은 사람을 불러 모을 수 있으며, 동시에 일체감을 부여하며, 열광시킬 수 있는가? 대중문화 밖에는 없을 것이다.

대중문화와 대중문화의 스타들이 숭배의 대상이 되고, 현대인의 우상(god, idol)으로 자리 잡고 있는 모습은 대중음악의 현장에서 더욱 많이 발견된다. H.O.T 이후 최고의 인기를 구가하다 최근 잠정 해산을 발표한 국내 가요 그룹 god는 아예 이름을 '신'(우상)으로 정한 케이스이다. god는 팬들 간에 그 뜻이 '내 안의 또 다른 나'로 널리 알려져 있지만, 사실 이 이름은 가요계를 평정하는 '가요의 신(god)'의 자리에 오르고자하는 이들의 욕망을 담은 '당돌한' 이름으로 읽힌다.

신의 자리에 오른 가수들

최근 국내는 물론 중화권 등에서 인기를 드높이며 수많은 청소년들을 사로잡고 있는 그룹 '동방신기(東方神起)' 이름의 뜻은 "동방에서 신(혹은, 동방의 신)이 일어나다"란 의미이다. 역시, 가수를 범인(凡人)이 아닌 '신'으로 표현하고 있다.(물론 서구의 메탈리카, 콘 등 초 거물 록 밴드도 '신(GOD)'으로 불린다.) 언론에서 종종 '문화대통령'으로 부르고 있는 국내의 인기 가수는 그의 골수팬들에게 '지존'이라는 호칭으로 불린다. 성경 시편에도 등장하는 '지존(至尊)'은 '임금' 혹은 '하나님'에게만 붙이는 말이다. 현재 군 복무 중인 한 인기 가수가 내놓은 가요 앨범의 제목은 <메시아(Messiah)>이다. 이 가수가 앨범의 제목을 이렇게 붙인 정확한 의도를 알 수 없으나, 이 제목은 오늘날 대중문화, 혹은 대중문화의 스타가 '신(구세주)'의 자리에 '등극'한 현실을 정확히 반영하고 있다.

대중문화는 우리의 육체와 정신에 쉼을 주고 우리의 원기를 회복(refresh)시켜준다. 그러나 모든 것이 그렇듯, 그 내용이나 기능이 과장되거나 왜곡될 때 대중문화도 우리에게 약이 아닌 독(毒)이 될 수 있다. 오늘날 대중문화의 문제는 흔히 '선정, 폭력성' 등으로 거론되는 내용상 오염의 문제도 심각하지만, 대중문화가 소비와 향유의 차원 넘어 찬양과 숭배의 대상이 되고 있는 것이 보다 심각한 문제이다. 대중문화의 '과소비'와 문화에 대한 가치관 왜곡 등이 유발시켰을 이 문제는 대중문화가 '열광과 중독'의 자리를 지나 이제 '대중문화를 통한 구원'을 갈구하는 자리로 나아가고 있음을 보여준다. 현실 도피의 탈출구 역할에 머무르던 대중문화가 바야흐로 '구원의 방주'의 자리로 승화하고 있는 것이다. 대중문화와 대중문화 스타가 하나님의 자리를 넘보는 현실, 그리고 대중문화와 스타를 통해 구원을 갈망하는 현실이 우리 곁에 있다. 예수 그리스도가 아니면 채울 수 없는 그 '허무의 공간'을 채우기 위한 몸부림이 '거대한 우상숭배와 독신(瀆神)' 행위로 나타나고 있는 곳, 바로 그 곳이 오늘날 대중문화의 세계이다.

추기 ✎ 가수 god의 이름은 "groove over dose"라는 영어의 머리글자를 딴 것으로 알려진다. 필자의 추측으로는 영어의 "drug over dose"에서 착안한 것 같다. drug over dose란 "약물(drug)이 정량(dose)을 넘어감(over)" 즉 "약물과용"이란 뜻인데, drug을 groove로 바꾸었으니 "groove가 정량을 넘어갔다"라는 말이 된다. groove(그루브)는 주로 재즈나, 힙합, R&B 등 흑인 음악에서 펑키(funky)한 리듬이 주는 '흥겨움'(성적 흥분이 가미된...필자주)을 가리키는 말로, 그렇게 보면 groove over dose는 "대단히 흥이 난다(혹은 멋지다)" 정도로 해석할 수 있겠다. 일견, groove over dose는 High Five of Teen agers(십대들의 승리)의 머리글자를 팀 이름으로 내건 H.O.T나 핑클(FIN. Killing.Liberty : 자유를 억압하는 것을 끝내다)처럼 영어 이름을 사용하는 국내 가수들의 작명 아이디어를 답습한 것처럼 보인다. 그러나, 대부분 god 팬들이 god를 "내 안의 또 다른 나"라는 의미로 알고 있는 것을 보면 groove....는 그저 형식적으로 가져다 붙인 조어(造語)일 확률이 크다. 사실, 여러 가지를 종합해 보면 가수 god의 이름은 영어 god의 본래 뜻인 "하나님, 신"이라는 이름의 성격이 훨씬 강하다. (약자라면 다른 그룹처럼 g.o.d 라 쓰는 게 일반인데, god로 표기한다) 이들이 "원래 GOD로 하려고 했다가, 종교적인 문제를 의식해서 소문자 god로 쓴 것"이라 발언했다는 얘기도 있다.

god팬들에게 "작은 신의 아이들"이라고 불리기도 하는 그룹 god는 이름을 대문자가 아닌 소문자로 표기하고, groove over dose라는 난해한 영문 조어로 배수진(?)을 치는 등 "하나님"이란 이름을 가수 이름에 가져다 쓰는 전대미문의 "신성모독" 행위에 대한 반발을 지혜롭게(?) 차단하고, "신(神)"의 이미지를 마케팅에 적절히 활용했다. "신은 죽었다 -니체-"라는 자막으로 시작하는 그들의 콘서트 영상과 종교적 분위기를 풍기는 앨범 자켓과 로고, 광고물 등 곳곳에서 god는 "신"의 이미지를 스스럼없이 드러냈다. 얼마 전 잠정 해산에 맞춰 낸 앨범의 제목과 타이틀곡이 〈하늘 속으로〉인데, 그 뜻이 그들 말로 "팬들과 늘 함께 한다는 약속"의 의미라지만, 필자에게 그 제목은 자켓의 하늘 그림과 어우러져서 마치 "신(god)은 이제 하늘로 올라간다(그리고 곧 재림할 것이다! 〈컴백 앨범〉을 가지고)"라는 의미로 읽혔다. 내가 다니는 교회의 하얀 벽에 오래 전에 아마도 중학생이 써놓았을 "god 짱"이라는 낙서가 있다. 이 낙서를 볼 때 마다 "세상에서 신 노릇 하는 가수가 교회 안에 까지 들어와서 신 노릇을 하려는구나"라는 씁쓸한 생각을 한다. 한편, 공식 god의 팬클럽은 특이하게 'fangod'라 부른다. 또 한 포털의 god 팬 카페의 이름은 '작은 신'이다. god의 팬 한 사람 한 사람이 또 하나의 god라는 의미다. god는 자신들을 스스로 신이라 부르면서 그의 팬들 스스로를 또한 신으로 부르도록 하고 있다.

"너는 하나님의 이름을 망령되이 일컫지 말라. 나 여호와는 나의 이름을 망령되이 일컫는 자를 죄 없다 하지 아니하리라" - 출 20 : 7

한국 교회의 가요 사랑

　몇 년 전이다. 교회에서 청년들을 섬기는 일을 하면서, 그들과 노래방에 동행한 적이 있다. 자리에 앉자마자 서둘러 마이크를 움켜 쥔 청년들은 최신 가요의 멜로디와 가사를 줄줄이 꿰며 한 판 신나는 무대를 펼쳤는데, 그들은 난이도가 만만치 않은 랩도 언제 그리 연습했는지 너끈히 소화해 내어 음악업계 십수 년 경력의 나를 경악케 했다. 다른 사람의 노래가 한창 진행되고 있는 와중에도, 자신의 다음 곡 고르기에 분주한 '대기가수들의 매너'가 지금까지 잊혀 지지 않는다. 그 자리는 신세대, 나아가 한국인의 노래방 문화의 일면을 엿볼 수 있는 자리였지만, 그 날 확인한 분명한 한 가지는 한국 교회의 젊은이들이 믿지 않는 이들과 별 다를 바 없이 대중가요에 무던히도 열광하고 있다는 사실이었다.

　교회 다니는 젊은이들이 대중가요를 스스럼없이 즐기고 있다는 사실은 휴대전화의 대기 음악인 컬러링 문화에서 쉽게 확인된다. 전화를 걸었을 때 가요 멜로디가 흘러나오는 경우를 자주 만난다. 교회에서 역할을 맡고 있는 한 청년의 전화기는 세련된 R&B로 무장돼 있다. 모태 신앙의 한 대학생의 전화기는 전화를 걸 때 마다 거친 랩을 토해 낸다. 이는 비단 청년들에 국한하지 않는다. 집사님과 권사님의 전화기에서도 심심찮게 귀에 익은 가수의 음성을 만난다. 대중음악의 주소비자인 청소년들은 두말할 것도 없다. 그들이 주일날 이어폰을 귀에 꽂고 예배를 드리러 오는 풍경은 그리 낯설지 않다. 이제 한국 교회의 '가요사랑'은 세대와 신앙의 정도를 불문하고 교회 안에 자연스럽게 자리 잡고 있다.

대중문화 보는 시각 달라야

대중음악은 그 시대를 대표하는 문화로, 그리고 보통 사람들의 삶의 애환을 솔직히 표현하는 문화로 각광받는다. 대중음악은 우리의 지치고 긴장된 일상에 윤활유 역할을 하여 삶을 윤택케 한다는 점 등이 평가받는다. 그러나 이러한 대중음악의 순기능을 일면 인정한다고 해도, 교회가 대중음악을 보는 눈은 세상과 다를 수밖에 없고, 또 달라야만 한다. 대중문화의 저질, 오염의 문제를 말하자는 것이 아니다. 성도들은 이 문화에 대한 세상의 지배적 관점을 넘어서서, '기독교인만이 가지는 눈'으로 이 문화의 본질을 읽을 수 있어야 한다는 것이다.

"현대 대중음악은 상업주의와 오락과 권력(인기)의 가치혼합물이자, 세상을 향한 갈망의 통괄적 체계다"라는 말은 대중음악의 본질과 속성을 기독교적 관점에서 비판한 말로 귀 기울여 볼 가치가 있다. 특히 현재 우리나라의 대중가요가 '획일성, 선정·폭력성, 허무주의, 과도한 상업성과 향락성 추구'라는 현대 대중문화의 부정적 일면을 강하게 드러내고 있다는 점에서 기독교인의 이 문화에 대한 지나치게 친화적인 지금의 태도를 진지하게 고려해 보아야 할 것이다.

세상인가 하나님인가 ?

한 교회 청년 수련회에 문화 강의를 나갔을 때, 얼터너티브 록의 영웅으로 추앙받는 커트 코베인의 얼굴이 프린트된 티셔츠를 입고 온 청년을 본 일이 잊혀 지지 않는다. 그 청년이 어떤 사연으로 코베인의 티셔츠를 입고 그 자리에 온 것인지 알 수 없으  나, 내가 짐작할 수 있는 것은 그가 코베인의 열렬한 팬이라는 것이었다. 그는 코베인의 연주와 노래를 좋아할 뿐 아니라 어쩌면 27살의 나이에 권총 자살한 '신화적 로커' 코베인의 삶 자체를 동경하고 있을지도 모를 것이었다. 우리가 입고 있는 티셔츠에 새겨진 그림이나 글씨, 그리고 우리가 듣는 음악은 은연 중 우리가 어떤 사람인가를 드러내 준다. 세상 사람들은 내가 즐겨듣는 음악들과 내 전화기가 들려주는 음악을 통해 내가 어떤 사람인가를 추측하게 될 것이다. 내가 좋아하는 음악은 과연 내가 예수를 믿는 그리스도인으로 주님을 높이기 원하며, "세상을 갈망하는 것이 아니라 하나님의 나라를 사모하는" 사람으로서의 그리스도인이라는 정체성을 대변하고 있는가 ? 교회 다니는 사람이 대중가요를 듣는 것이 잘못된 일은 아니다. 그러나 '세상에 있으나 세상에 속하지 않은'(요 17:14) 우리의 신분과 우리의 정체성을 분명히 인식한다면, 지금의 세상 대중음악에 대한 '지나치게 친화적인 태도'에 대해서 한 번은 생각해 봐야 할 것이다. 우리 그리스도인들은 대중문화에 대한 막연한 낙관주의나 낭만적인 생각을 내다 버려야 한다. 대중가요에 빠져 사는 자녀들을 탓하기에 앞서 우리 마음 속에 아직도 조용필과 김광석, 비틀즈와 아바가 차지하고 있는 공간이 너무 큰 것은 아닌지 돌아볼 일이다. 하나님께서는 오늘 예수를 믿으면서도 여전히 '대중가요 사랑'에서 벗어나지 못한 우리에게 말씀하고 계신다.

"그러므로 형제들아 내가 하나님의 모든 자비하심으로 너희를 권하노니 너희 몸을 하나님이 기뻐하시는 거룩한 산 제사로 드리라 이는 너희의 드릴 영적 예배니라" - 롬 12 : 1

2 팝/록 음악

마릴린 맨슨과 악마주의의 실체

기독교 파괴를 부르짖는 노래와 파격적인 무대 퍼포먼스로 악명 높은 인기 록 그룹 마릴린 맨슨(Marilyn Manson)이 지난 2005년 2월 서울에서 내한 공연을 가졌다. 공연의 제목은 "모든 신에 대항하여(Against All Gods)" 이 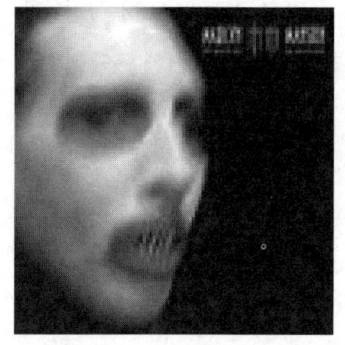 공연은, 세 차례 반려 끝에 "종교나 국가를 모독하지 않고 성을 표현하는 행위를 하지 않겠다"는 각서를 쓰고 허가가 난 지난 2003년의 첫 내한 공연에 이어 이루어진 두 번째 공연으로, 그간 '록의 강국(强國) 대한민국'의 청소년과 청년들로부터 마니아 계층을 뛰어넘는 대중적 인기를 확보해 낸 마릴린 맨슨의 높아진 위상을 한껏 과시하는 자리였다.

현대 퇴폐예술의 종합판

마릴린 맨슨은 1990년 미국 플로리다에서 결성된 5인조 인더스트리얼 록 (industrial rock : 소음에 가까운 기계음과 테크노, 헤비 메틀이 복합된 무정형적 록 음악으로 읊조리거나 분노에 차 절규하는 보컬이 특징이다) 그룹이다. 영화배우이자 가수인 세기적 섹시 스타 '마릴린 먼로'와, 여배우 샤론 테이트 등의 집단 살해사건으로 유명한 희대의 살인마이자, 사이비 종교 교주인 '찰스 맨슨', 이 두 '남녀'의 이름을 합성한 '마릴린 맨슨'은 그룹명이면서 동시에, 그룹의 리더이자 보컬리스트(본명: 브라이언 워너)의 예명이기도 하다. (나머지 멤버의 이름도 각 시대를 대표하는 여성과 세기적인 범죄자의 이름을 합성한 예명을 사용하고 있음.) 마릴린 맨슨은 어린 시절부터 앨리스 쿠퍼, 데이빗 보위, 키스(KISS), 이기 팝, 블랙 사바스, 주다스 프리스트, 오지 오스본, AC/DC, W.A.S.P, 러쉬 등과 같은 악명 높은(?) 록 밴드와 가수, 가까이는 그의 음악적 후견인이자 인더스트리얼 록의 귀재로 불리는 나인 인치 네일즈(NIN)의 트렌트 레즈너의 영향을 받아 왔으며, 이러한 음악들을 재료로 대중음악 역사상 가장 사악하고 충격적인 록 음악을 만들어냈다.

그의 음악은 좁게는 글램 록(glam rock : 짙은 화장과 화려한 의상 등 중성적 이미지와 시각적 효과를 강조한 록)과 쇼크 록(shock rock : 공연에서 관객들에게 충격을 줄 목적으로 강도 높은 폭력과 성적 해프닝을 감행하는 록), 펑크(punk), 헤비 메틀의 위에 서 있지만, 넓게는 로큰롤의 황제 엘비스 프레슬리와 록 음악의 천재 비틀즈 등을 중심으로 구축된 거대한 록의 기반 위에 서있다. 현대 퇴폐예술의 종합판이랄 수 있는 맨슨 음악의 뿌리는 더 멀리는 19세기 말 프랑스의 데카당스(퇴폐주의 : 추악함 속에서 아름다움을 발견하려는 현실부정의 전위적 예술경향) 운동으로 까지 거슬러 올라간다.

맨슨은 왜 기독교를 증오하는가 ?

 마릴린 맨슨은 잔혹한 폭력과 퇴폐적인 성, 마약찬양 등 반사회·반인륜적 내용과 극단적 무대 퍼포먼스로 악명을 떨친다. 극한의 잔혹성과 추악함, 음란과 광기로 얼룩진 맨슨의 초(超)엽기적 무대 행위는 인간의 상상을 넘어 서 있다. 이번 내한 공연 때는 충격적 퍼포먼스가 미흡(?)했지만, 무대에서 자신의 몸을 흉기로 자해하거나 변태적이고 도발적인 성행위 장면이 거침없이 연출된다. 맨슨 공연의 하이라이트는 단연 종교적 집회 형식을 띤 퍼포먼스다. 교주인 맨슨이 설교단에 올라 '적그리스도 찬가(Antichrist superstar)'를 부르며 기독교에 욕설과 저주를 퍼부을 때 맨슨 신도들의 환호는 절정에 달한다. (사진은 2005년 내한공연 장면)

 맨슨은 왜 이토록 기독교를 증오할까 ? 맨슨이 어린 시절 10년 간 다녔던 보수적 기독교 학교의 경험에 대한 반감이 크게 작용한 것이라고 말한다. 그는 그 후 기독교를 위선적인 종교로 증오해왔다고 한다. 맨슨의 모든 노래는 그리스도와 교회에 대한 불타는 증오심에서 비롯되고 있다. 그가 자신의 음악과 모든 퍼포먼스를 통해 전달하려는 메시지는 한 가지에 초점이 맞춰져 있다 "모든 사람들(특히 미국인)을 각성시켜 독재(파쇼)적 기독교의 억압으로부터 자유케 하는 것"이다. 그는 록 가수이기 이전에 이 세상에 반기독교 교리를 전파하는 열심 있는 악마교의 전도자다. 그는 실제로 1994년 미 사단교회(Church of Satan)의 교주인 앤튼 래비(Anton Lavey)를 만나 명예 사탄교 목사(reverend)직을 수여받기도 했으며, 래비와 함께 악마주의 역사의 또 하나의 거대 축을 이루고 있는 크로울리(Aleister Crowley)의 뒤를 잇는 세 번째 짐승(the great beast) 역을 자처하기도 한다.

악마주의의 실체

지난 99년 12명의 학생과 교사 1명을 쏘아 죽인 미 콜롬바인 고교 집단 살인사건의 범인인 두 학생이 마릴린 맨슨의 팬이었다는 사실과 일련의 악마주의적 음악과 태도 등으로 인해 맨슨은 '청소년 유해 록 밴드' 제 1호로 손꼽히지만, 기독교와 기성권위와 질서에 적대적이고 반항적인 청소년들과 청년들로부터는 열광적인 지지를 얻고 있다. 맨슨의 열성적 지지자들은 음악은 물론 미술과 문학에도 재능이 있으며, 대학에서 저널리즘을 전공한 맨슨의 이력 등을 거론하면서 그의 광폭한 음악과 퍼포먼스가 단순히 악마주의를 상업적으로 이용한 선정주의적 돈벌이나 악마주의 문화가 아니라 오늘날 현대 사회의 기계문명과 물질주의에 의해 자행되고 있는 인간성 파괴와 기독교, 그리고 기독교에 기초한 미국 사회의 이중성과 위선을 고발하는 현학적 대중예술이라 평하기도 한다. 이들은 맨슨에 대한 기독교의 비난을 '마녀사냥'으로 치부한다. 맨슨의 음악을 그런 식으로 이해하려고 들면 전혀 그런 해석의 여지가 없는 것은 아니다. 그러나 그의 신성모독적 음악과 퍼포먼스는 그 어떤 고상한 목적으로도 합리화할 수 없는 철저한 악마성으로 가득찬 행위이다. 왜냐하면 그의 모든 음악과 행동은 사탄이즘(satanism 악마주의)의 본질을 집요하게 추구하고 있기 때문이다.

사탄이즘의 본질은 과연 무엇인가? 그것은 우리의 호기심을 자극하는 오각형별이나 짐승의 뿔, 거꾸로 된 십자가와 같은 상징물, 혹은 맨슨의 소름끼치는 퍼포먼스가 아니다. 사탄이즘의 본질, 곧 악마주의의 실체는 맨슨이 때로는 비아냥거림과 냉소로, 때로는 분노에 찬 절규로 내 뱉는 모든 노래와 언행 뒤에 숨 쉬고 있는 악마주의의 대강령(綱領) 즉 "네가 하고 싶은 것을 하라"는 인본주의(人本主義) 세계관, "하나님 없는 인생철학"이다. 맨슨은 바로 기독교를 인간의 삶을 파괴하는 타락의 원인으로 규정하고 "신은 죽었다"고 외쳤던 니체의 21세기 환영(幻影)이다. 맨슨의 하나님을 향한 삿대질은 전혀 새로운 것이 아니다. 그것은 오래전 에덴 동산에서 일어났던 창조주 하나님에 대한 반동 선언 이후 되풀이되고 있는 하나님 떠난 인간들의 절망과 허무의 몸부림이며, 그 뒤에는 언제나 옛 뱀 마귀가 도사리고 있는 것이다.

추기 맨슨 공연 날, 필자의 강의를 들었던 한 학생이 문자를 보내왔다. 기도하고 있노라고.. 지난 맨슨

2장 팝/록 음악   65

공연 때 있었던 교회 청년들의 공연장 앞 기도 모임이 이번엔 보이지 않았다. 그러나 이번 공연에서, 굉음에 가까운 고출력 사운드의 '거만한 위세'에도 불구하고, 공연 내내 뭔가 맨슨의 힘(에너지)이 빠진 듯한 느낌을 지울 수 없었다. 특히 마지막 "Anti Christ...."를 부를 때. 나만의 느낌이었을까? 여러 사람들의 기도 때문 일거라 생각했다:

마돈나의 십자가

지난 2004년, 미 슈퍼볼(Super Bowl) 하프 타임 쇼 중간에 인기 여가수 재닛 잭슨(마이클 잭슨의 여동생)이 노래 도중 가슴을 드러내는 도발적 노출 사건이 일어났다. 이른바 니플게이트(nipplegate)로 불리는 이 사건이 일어나자 미 연방통신 위원회는 방송 중 외설 표현에 대한 제재를 크게 강화하였고, 중계를 맡았던 CBS 등 미국의 대표적 방송사들은 선정적 내용의 프로그램 시간대를 조정하고 야한 내용을 삭제하는 등 몸 사리기에 나섰다. 이 사건이 잭슨이 새 음반 출시를 겨냥해 연출하였다는 얘기가 더해지면서 이 공연의 제작사인  MTV에 시청자와 시민단체의 격렬한 비난과 항의가 쏟아졌다. 이에 MTV는 낮 시간대에 편성됐던 뮤직 비디오를 밤 10시 이후로 옮기는 조치 등을 취하였는데, 심야 시간대로 옮겨간 비디오 가운데 미 청소년들의 섹스 심볼인 브리트니 스피어즈의 뮤직 비디오 <톡식(Toxic)>이 포함돼 있다는 기사가 눈길을 끌었다.

만연한 섹스 마케팅

재닛 잭슨의 고의적 가슴 노출 사건은 깜짝 쇼를 통한 이목집

중과 화제 증폭으로 단숨에 인기를 끌고 돈을 벌어보려는 쇼 비즈니스계의 전형적 섹스 마케팅이다. 미국 대중음악계에서의 섹스를 이용한 가수 띄우기는 이미 오래된 것으로 새삼스러울 것이 없지만, 어린이를 포함해 무려 8억의 시청자가 지켜보는 미식축구 결승전이라는 스포츠 축제 무대에서 못된 짓을 한 탓에 지탄의 강도가 드세고 여파가 길었다. 그러나 필자가 보기에 이 사건에 대해 미국인들이 언성을 드높이고 방송사들이 자숙하는 태도를 보였다고 하더라도 이미 갈 데까지 간 미 대중음악계의 무한 섹스 마케팅 경쟁 분위기가 되돌려 질지는 의문이다.

일례로, 마돈나의 뒤를 잇는 신세대 팝 디바이자 전 세계 소녀들의 우상인 브리트니 스피어즈의 뮤직 비디오 <톡식(Toxic)>을 보자. 첩보 영화의 분위기를 배경으로 비음을 곁들인 뇌쇄적 보컬과 관능적 몸매, 알몸 노출을 불사하는 자극적 연기로 무장한 팝의 요정 브리트니의 대담하고도 화끈한 섹시 쇼가 펼쳐진다. 비행기 화

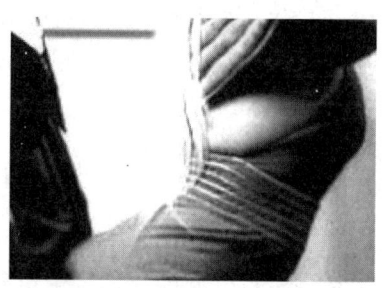

장실 안에서의 성행위를 연상시키는 장면은 특별 눈요기 거리다. 어른을 겨냥해 만든 비디오가 아니다.

11살 때 브리트니와 함께 미키마우스 클럽 오디션에 응시한 동기생이자 브리트니의 강력한 라이벌이기도 한 팝 스타 크리스티나 아길레라의 히트곡 <Dirrty>는 어떤가? 근육질의 남성들을 동원, R&B와 힙합 리듬 위에 진흙탕의 복싱장면과 성행위를 연

상케 하는 저속하고 음란한 춤으로 가득 찬 그녀의 비디오는 웬만한 어른도 얼굴을 붉히지 않고는 못 볼 노골적 선정성을 과시한다.

신성모독과 기독교 윤리의 붕괴

2003년 MTV 음악상에서 섹스 마케팅의 귀재이자 이 분야의 선두주자인 마돈나와 브리트니 스피어즈가 함께 노래를 부르면서 감행한 대담한 프렌치 키스는 오늘날 미 대중음악계의 타락한 실상을 극명하게 보여준 하나의 '사건'이다. 팝계 최정상의 두 여가수가 수억의 세계인이 지켜보는 가운데 감행한 이 농도 짙은 키스는 대중음악사에 길이 남을 명장면(?)으로 기록 될 것이지만, 한편 동성 간의 이 야한 입맞춤이 가톨릭 신자(마돈나)와 개신교도(브리트니)인 두 여성 기독 연예인에 의해 감행된 것이라는 점에서 이는 오늘날 미국의 쇼 비즈니스계, 나아가서는 미국 사회에서 벌어지고 있는 대대적인 신성모독과 배교(背敎)의 실태를 드러낸 상징적 사건으로 기록될 만하다.

마돈나, 브리트니 스피어즈, 크리스티나 아길레라 말고도, 페이스 힐, 휘트니 휴스턴, 머라이어 캐리, 토니 블랙스턴, 재닛 잭슨 등 내로라하는 여가수들도 예전 같았으면 사회적 논란이 되고 음탕하다고 손가락질 받았을 옷을 입고 춤을 추며, 카메라 앞에 포즈를 취하고 있는 게 오늘 미국 대중음악의 현주소다.

몇 년 전 40년 넘게 무슬림 지역에서 사역해온 이슬람선교 전문가인 필 파샬 선교사가 이끈 '이슬람 세미나'가 서울에서 열렸다. 세미나 중 "무슬림은 왜 서구 기독교인을 미워하는가"라는 문제를 설명하는 과정에서 미국의 대중문화, 특히 대중음악에 관한 얘기가 나왔다. "그 여자는 성모 마리아(마돈나)라는 거룩  한 이름을 가지고 노래를 하면서 매춘부처럼 온갖 음란하고 더러운 짓을 다한다. 그것도 보란 듯 십자가를 목에 걸고…그게 너희가 믿는 기독교의 모습인가?" 극적 효과를 위해 이슬람 여인을 연기한 여선교사의 입에서는 마돈나로 대표되는 미국의 타락한 대중문화와 기독교를 비난하는 독설이 쏟아져 나왔다.

무슬림이 기독교 국가인 미국을 미워하는 이유 중의 하나가, 대중문화의 종주국으로 전 세계 대중문화의 흐름과 유행을 주도하는 미국의 타락한 대중문화라는 것이다. 그는 돈과 인기와 죄악에 깊이 물든 미국의 부도덕한 대중문화를 지구촌 대중문화의 타락을 주도하는 '악의 축(axis of evil)'으로 지목, 강하게 질타하고 있었다.

비록 무슬림의 율법주의와 금욕주의가 잘못된 것이고 그들이 가톨릭과 개신교를 제대로 분간하지 못했다 해도, 그들의 눈은 '기독교 윤리의식'이 마비 수준에 이른 미국 대중문화의 현실을 정확히 짚어내고 있었다. 미 팝 문화의 아이콘인 음녀(淫女) 마돈나의 목에 걸린 십자가는 미 대중문화 속에서 벌어지는 거대한 신성모독을 보여주는 것이자, 타락한 미 대중문화와 붕괴하는 기독교 윤리의 실상을 만천하에 보여주고 있는 상징인 것이다.

아! 휘트니

최근 휘트니 휴스턴(Whitney Houston)의 마약 중독과 관련한 소식이 보도됐다. 휘트니의 마약 관련 뉴스는 5-6년 전부터 꾸준히 나오고 있어 크게 놀랄만한 소식은 아니다. 필자도 어느 정도 이 뉴스에 '면역'이 돼 있는데, 이번에 접한 그녀의 모습은 그간의 상상을 완전히 뛰어넘는 것이었다. 마약에 찌들어 망가질 대로 망가진 휘트니의 몰골과, 마약기구와 온갖 쓰레기가 난잡하게 어질러진 화장실 세면대 사진과 함께 보도된 기사는 한마디로 '처참'하고 충격적이었다. 연례행사처럼 마약 중독치료를 위해 재활시설에 입원을 했다  는 소식이 들렸었는데, 결국 치료가 되기는커녕 이렇게까지 악화된 것이다. 새삼 마약(약물) 중독의 수렁이 얼마나 무서운 것인지를 생각하게 된다.

마약의 덫에 걸린 팝 디바

이번에 휘트니의 사생활(치부)이 언론에 공개된 것은 휘트니의 시누이 티나 브라운이 외부의 도움을 요청하기 위해 언론에 제보한 것이라고 한다. 보도에 따르면 중증의 마약 중독 증세를 보이고 있는 휘트니는 자해(自害) 등으로 인해 팔 다리와 온 몸이 멍

투성이이며 헛것이 보이는 망상과 편집증 등에 시달리고 있다고 한다. 그녀는 누군가 자신을 훔쳐보고 있다며 살림살이를 때려 부수는가하면, "마귀가 나타났다"며 공포에 떨며 대항하듯 성경책을 움켜쥐곤 한다고 한다. 성 생활도 극도로 문란해, 포르노 숍에서 갖가지 성 기구를 구입해 사용하고 있으며, 외간 남자, 심지어 여성을 침대로 끌어들이는 지경에 이르고 있다고 한다. 휘트니는 현재 재산도 거의 탕진한 상태이며, 남편 바비 브라운은 이혼을 생각하고 있다고 외신은 전하고 있다. 한마디로 휘트니가 '인생 파탄' 상태에 이르렀다는 것이다.

국내에도 많은 팬을 가지고 있는 휘트니는 1980년대와 90년대에 걸쳐 한 시대를 풍미했던 세계 최정상의 가수이다. 그야말로 '뛰어난 가창력'의 소유자였던 휘트니는 1990년대에 가장 많은 음반을 판매한 여가수였으며, 그녀가 지금까지 판매한 음반은 물경 1억 1천 만 장에 달한다. 영화 <보디 가드>에서 노래와 연기로 전 세계 사람들의 가슴을 사로잡으며 수많은 팬들의 환호와 사랑을 받았던 휘트니.. 그러나, 헝클어진 머리와 멍한 미소를 띤 그녀의 얼굴에서 과거 위풍당당한, 건강한 '팝 디바'의 자취는 전혀 찾아볼 수 없었다.

이 보도를 접하면서 정말 만감이 교차했다. 과거 음반사에 근무하면서 휘트니 음반을 국내에 소개하는 일을 했던 적이 있기 때문이다. 휘트니는 미 레코드 산업계의 신화적 인물인 아리스트 레코드사의 클라이브 데이비스 사장에 의해 픽업돼 팝계에 데뷔했다. 변호사 출신인 데이비스는 배리 매닐로, 케니 지 등 뛰어난 팝 아티스트들을 발굴해 키워낸 인물로, 휘트니는 클라이브 데이비스의 역량과 솜씨가 빚어낸 '최고의 걸작품'으로 손꼽힌다. 아리스타사에서 보내온 휘트니의 바이오그래피(소개 글)를 처음 읽었던 당시의 기억이 지금도 생생하다. "R&B 가수이자 교회 성가대원이었던 어머니(씨씨 휴스턴)를 따라 어렸을 때부터 교회에서 노래를 했고…" 많은 미국의 가수들이 그러하듯, 휘트니는 어려서부터 교회를 다니며 교회에서 노래 부르기를 시작해 팝계에 진출한, 크리스천 가수였다.

크리스천 스타의 한계

요사이 예수 믿는 청소년이나 젊은이들 가운데 연예계 진출을 꿈꾸는 '스타 지망생'들이 의외로 많은 것을 느낀다. 이따금 가수 지망생이나 그 부모로부터 상담을 받기도 하는데, 국내외 음악산업(music business)계를 조금은 깊숙이 경험한 사람으로서 그리고 그리스도인으로서, "절대로 안된다"는 말은 하지 않지만, 거의 '만류'하는 편이다. 사실상, 인기와 돈을 놓고 치열한 경쟁이 벌어지는 연예계에서 신앙을 지키고 믿음을 성장시켜 나가는 것(그렇게 하는 분도 있을 것이지만)은 너무도 어려운 일이라고 생각하기 때문이다. 대표적으로, 로큰롤의 황제 엘비스 프레슬리나 팝 디바 휘트니 휴스턴, 그리고 마돈나의 뒤를 이어 세계 대중음악계의 새로운 '섹스 아이콘'으로 자리 잡은 브리트니 스피어스 등 크리스천 수퍼 스타들의 모습이 이러한 현실을 잘 대변해 주고 있다.

휘트니가 귀신(헛것)을 볼 때마다 성경을 들고 대항하려하는 것은 그녀가 아직 신앙을 완전히 포기하지 않고 '기독교의 힘'을 신뢰하고 있다는 것이다. 재활 치료도 필요하겠지만, 그녀에게 진정 필요한 것은 그리스도인들의 기도다. 마약 중독은 두말할 것 없이 분명한 마귀의 역사다. 그녀를 아끼는 많은 크리스천들의 기도가 모아질 때 휘트니는 사단이 놓은 잔인무도한 '마약(죽음)의 덫'으로부터 탈출할 수 있을 것이다. 하나님께서 휘트니의 건강과 믿음을 속히 회복시켜 주시기를 기도한다.

추기 휘트니는 그녀의 최대 히트곡인 〈The greatest love of all〉(1986. 조지 벤슨 노래를 리메이크함)에서 "그들은 내 존귀함(기품)만은 빼앗아 갈 수 없다"고 위엄 있게 노래했다. 그러나, 불행히도 지금 그녀의 '품위와 존엄성(dignity)'은 완전히 허물어진 상태다. 언젠가 부터 이 노래를 들을 때마다 "가장 위대한 사랑"이란 이 노래의 제목과 가사에 대해 생각해 보곤 했다. 휘트니는 "가장 위대한 사랑을 자신 안에서 발견했으며", "가장 위대한 사랑은 자기 자신을 사랑하는 것(Learning to love yourself, it is the greatest love of all)"이라 당차게 노래한다. 이 노래가 매우 잘 만들어진 노래이며, 가사 또한 훌륭하지만, 예수를 믿는 사람이 세상을 향하여 외친 '가장 위대한 사랑(the greatest love of all)'이 '하나님의 사랑(십자가의 사랑)'이 아니라는 점이 아쉬웠다. "그 무엇보다도 가장 위대한 사랑"인 '주님의 사랑' 만이 마귀에게 강탈당한 그녀의 '인간적 존엄성과 품위'(dignity)를 되찾아 줄 수 있을 것이다.

노르웨이의 숲

　1967년에 발표된 비틀즈의 앨범 <Sgt. Pepper's Lonely Hearts Club Band(서전트 페퍼스 론리 하츠 클럽 밴드)>는 출반된 지 40여년이 흐른 지금까지도 팝/록 최고의 명반으로 칭송되는 앨범이다. 이 앨범에 대해 대중음악계와 팝 애호가들은 기존 대중음악의 범주를 초월해 예술적 경지를 드높였다는 점과, 앨범 속에 다양하게 시도된 파격, 실험성을 평가해, 최고의 점수를 부여해 왔다. 지난 1987년 전통과 권위를 자랑하는 미국의 대표 록 잡지인 <롤링 스톤>은 미 유수의 대중음악 평론가들을 대상으로 한 설문 조사를 통해 1967년-1987년 사이(20년간)에 나온 앨범 중 "가장 위대한 100개의 팝/록 앨범"을 선정, 발표하였는데, 당시 1위를 차지한 앨범이 바로 이 앨범이었다. (10위권 내에 존 레논의 솔로 앨범을 포함 비틀즈의 앨범이 석장 선정됨.) 단일 주제하에 이질적인 곡들이 서로 유기적 관계를 가지는 이른바 '컨셉트 앨범(concept album)'의 효시로 불리기도 하는 이 앨범의 '파격적 시도' 중 단연 화제를 모은 것은 앨범 자켓이었다.

서전트 페퍼스 론리 하츠 클럽 밴드

　앨범 커버는 비틀즈가 고안한 가상 로큰롤 밴드인 '서전트 페퍼스 론리 하츠 클럽 밴드'(비틀즈 자신)가 공연을 마치고 정원에서 관객들과 기념 촬영을 한 모습을 담고 있는데, 비틀즈는 '자신들이 존경하는' 문화, 예술, 문학, 철학계 등의 유명 인물 60명을

몽타주 기법을 사용, '관객'으로 등장시키고 있다. 작가 애드가 앨런 포우와 올더스 헉슬리, 독일 작곡가 슈토크 하우젠과 시인 딜런 토마스, 극작가 조지 버나드 쇼와 오스카 와일드, 포크 가수 밥 딜런, 그리고 스위스의 심리학자 칼 융, 영화배우 마론 브란도와 셜리 템플, 아인슈타인과 사회주의의 창시자 칼 마르크스 등 기라성 같은 인물들이다.(예수와 히틀러는 음반사의 반대로 빠졌다고 한다) 비틀즈는 자신들의 우상이자 이 역사적인 인물들의 연장선상에 자신들을 위치시킴으로써 자신들의 음악(록)이 한 시대의 유행음악이 아니라 클래식 음악이나 고전 문학, 철학에 상응하는 인류의 '문화적 유산'의 지위에 올라 있음을 선언하고 있다. 이 가운데는 비틀즈 맴머 중 힌두교에 깊이 심취했던 조지 해리슨이 추천한 네 사람의 '힌두교 도사(guru)'도 포함되어 있으며, 존 레논이 추천한 현대 악마주의(Satanism)의 대부인 대마법사 '알레이스터 크로울리'도 들어있다.

<서전트 페퍼..> 앨범은 "20세기 최고의 걸작 앨범"이라는 찬사도 받았지만 사이키델릭(환각적) 사운드와 LSD 등 마약체험을 암시하는 가사 등으로 인해 "약물(마약)에 절은 앨범"이라는 등 마약과 관련한 숱한 얘기가 나오기도 했다. 이 음반은 기존의 팝/

록 음악에 '음악적 혁명'을 시도한 앨범이면서 동시에 대중음악의 세계에 '마약 혁명'을 일으킨 앨범으로 평가받는다. 앨범 자켓 하단에 꽃으로 만든 "BEATLES" 글씨 주변에 푸른 채소 같은 부분이 있는데, 이 부분이 마리화나(대마초) 수풀이다.

상실의 시대

2006년 4월, 작가 무라카미 하루키(村上春樹)가 체코 출신의 실존주의 작가 카프카를 기리는 문학상인 '프란츠 카프카 상'의 제6회 수상자로 선정되었다는 보도가 나왔다. 무라카미 하루키는 그의 소설이 이미 30여 개국에서 번역 출판되어 2천 만부 이상이 판매되는 등 세계적 작가로 부상하고 있어,  카프카상 수상은 그런 하루키의 위상을 보여주는 단면 중 하나로 읽힌다. 한국은 일본 다음으로 하루키의 인기가 가장 높은 나라다. 전 세계에서 소설집과 산문집을 포함한 하루키의 책이 '거의 모두' 번역된 유일한 나라로, 식지 않는 인기를 유지하고 있는 나라가 바로 한국이다.

한국에서는 무라카미 하루키의 책이 '매년' 10만부 가량 꾸준히 팔리는 것으로 알려지고 있다. 그리고 이 10만부 중 약 3만부를 부동의 스테디셀러로 확고한 자리를 굳힌 장편 소설 <상실의 시대>가 차지하고 있다고 한다. 대단한 인기이다.

팝과 재즈에 관해 '일가견을 가진' 음악 애호가 무라카미 하루키는 그의 소설 제목이나 글 속에 자신이 좋아하는 노래 제목과 가사, 에피소드 등을 즐겨 인용하는 것으로 유명한데, 이로 인해 그에게는 '팝 문학'이라는 말도 따라 다닌다. (하루키의 열렬한 팬으로, 다수의 하루키 책을 번역해 영어권에 소개한 하버드대 교수 제이 루빈은 <하루키 문학은 언어의 음악이다(Haruki Murakami And The Music Of Words)>라는 책을 내기도 했다. 이 책은 "하루키는 아름다운 음악으로 글을 쓴다"라는 부제를 달고 있다.)

음악 마니아인 하루키는 특히 비틀즈에 대해 각별한 애정을 가진 작가로 알려져 있다. 그의 대표작이자 가장 많이 팔려나간 것으로 집계되고 있는 <상실의 시대>의 원 제목이 비틀즈의 노래 제목에서 따온 것이라는 사실은 널리 알려진 이야기다. 한국어판 제목인 <상실의 시대>의 일본판 원 제목은 <노르웨이의 숲>으로, 이는 비틀즈의 유명한 노래 <Norwegian wood(This bird has flown)>(1965)에서 빌려온 것이다. <Norwegian Wood>는 비틀즈의 존 레논이 자신의 '혼외정사' 경험을 소재로 하여 쓴 곡으로 제목 본래의 뜻은 "노르웨이산 가구"이다. 그러나 많은 (비영어권의) 비틀즈 팬들은 오랫동안 이 제목의 뜻을 "노르웨이의 숲"으로 잘못 해석해 왔고, 하루키 역시 영어에 능통하였지만 이 오역에서 벗어나지 못한 것으로 추정된다. 또 이 노래의 내용은 짐작과는 달리 노래 속의 화자(話者)가 여자와 정사를 나누었던 "집에 불을 지른다는" 섬뜩한 결말을 가진 노래이다.

하루키와 비틀즈

아무튼 비틀즈를 '굉장히' 좋아했던 하루키는 70년대 젊은이들의 사랑과 방황과 우울을 그린 이 소설의 제목을 자신이 좋아하는 비틀즈의 노래 제목으로 정한 것이었다. 나아가, 소설 <상실의 시대>의 마지막 부분에 비틀즈의 곡들이 '대거' 등장한다. ".. 레이코 여사는 이어서 비틀즈의 <노르웨이의 숲>을 연주하고, <예스터데이>를 치고, 다음엔 <미셸>과 <섬싱>을 치고 <히어 캄스 더 선>과 <풀 온 더 힐>을 연주했다...그녀는 한숨을 돌리고 담배를 비벼 끄더니 다시 기타를 들어 <페니 레인>을 치고 <블랙 버드>를 치고, <줄리아>를 치고, <예순네 살이 되면>을 치고, <노웨어 맨>을 치고 <앤드 아이 러브 허>를 치고, <헤이 주드>를 쳤다..>(이상 <상실의 시대>중. 모두가 비틀즈 곡이다.) "이 사람들(비틀즈)은 확실히 인생의 슬픔이라던가 아름다움 같은 걸 잘 알고 있는 것 같아"라는 소설 속 레이코 여사의 말은 아마도 무라카미 하루키의 비틀즈에 대한 생각을 대변한 것이리라.

하루키는 <상실의 시대>(노르웨이의 숲)의 후기에서 이 소설의 집필 당시의 상황을 간략히 소개하고 있다. 하루키는 이 소설이 자신의 자전적 이야기를 바탕으로 한 것임을 밝히면서, 이 소설을 쓰는 동안 외부와 완전히 단절한 채 오직 글쓰기에만 전념했다고 말한다. 이 소설은 일본에서 쓴 것이 아니라 1986년 12월 그리스 미케네 섬의 한 빌라에서 쓰기 시작해, 시실리를 거쳐 로

마에서 완성했다. 아테네의 호텔 방에 테이블과 의자가 없었으므로 하루키는 '매일' 주점에 나가 (앞서 언급한) 비틀즈의 앨범 <서전트 페퍼스 론리 하츠 클럽 밴드>를 워크맨을 통해 '120회' 가량을 '반복해 들으면서' 이 소설을 써내려 나갔다. 하루키는 "그런 의미에서 이 소설은 레논과 메카트니(비틀즈)에게 약간의 도움(with a little help-역시 비틀즈의 노래에서 인용)을 받았다고 할 수 있다."라고 말한다. "약간의 도움!.." 동일한 비틀즈의 앨범을 헤드폰을 쓰고 반복해서 120번 들으며 쓴 소설이다. 무라카미 하루키는 비틀즈 앨범의 '세례'를 받으며 써 내려간 자신의 '회심의 역작'인 이 소설의 제목에 비틀즈의 노래 제목을 붙임으로써(그리고 소설 속에 비틀즈의 곡들을 나열함으로써) 자신의 삶과 의식 속에 차지하고 있는 '비틀즈의 크기'를 드러내어 보인 것이다.

무라카미 하루키와 마찬가지로 과거 오랫동안 비틀즈의 광적인 팬이었던 필자는 비틀즈의 앨범 <서전트 페퍼..>가 가진 강력한 흡인력과 황홀함의 세계를 익히 '맛보아' 알고 있다. 그러나, '기독교의 눈'으로 다시 들여다 본 <서전트 페퍼..> 앨범은 마약 체험과 동양사상, 신비주의와 초현실주의 등이 버무려진 "반기독교 사상의 결정체"같은 것이다. 무라카미 하루키와 <상실의 시대>를 생각할 때 마다 비틀즈의 <서전트 페퍼..> 앨범 속에 녹아 스며있는 '어두운 영'이 하루키의 소설에 열광하는 수백만 독자의 영혼에 흘러 들어가고 있을지 모른다는 '위험한 상상'을 한다.

추기 무라카미 하루키는 자신의 젊은 시절부터 좋아한 비틀즈의 〈노르웨이..〉가 풍기는 어떤 황량하고 우울한 분위기를 이 자전적 소설의 분위기와 연결시키고자 했을 것이다. 또한 잘 알려진 하루키의 '창작 습관'으로 미루어 볼 때, 하루키가 미리 비틀즈의 노래(노르웨이의 숲)로 소설 제목을 정해놓고, 반복적인 비틀즈 노래 듣기를 통해 6-70년 대의 시대적 감수성을 자신에게 끊임없이 환기시키면서 (음악을 통한 과거로의 여행..) 글쓰기 작업을 해 나간 개연성을 생각할 수 있다. 아무튼 비틀즈의 〈Norwegian wood〉의 음악적 분위기와 이 소설의 분위기는 매우 비슷하다.

한편, 단순한 사랑 노래(혼외 정사와 노르웨이산 가구..)를 전혀 다른 내용(새들이 날아가 버린 노르웨이의 황량한 숲)으로 해석한 것은 음악 팬들의 미숙한 영어에서 비롯된 측면이 크지만, 이는 대중음악에 있어서 어떤 노래가 일단 창작자의 손을 벗어나게 되면, 본래의 뜻과 상관없이 대중들의 자의적 해석에 의해 그 의미가 변화하는 속성을 보여준다. (일례로, 김민기의 〈아침 이슬〉도 친구에 대해 쓴 곡이지만, 대중들은 이념적 노래로 해석, 수용했다.) 이는 음악이 상상력의 예술이라는 점과 함께, 대중음악이나 대중음악가가 음악 팬들의 선입견과 과도한 존경심으로 인해 쉽게 신비화할 수 있음을 보여주는 것이기도 하다.

무라카미 하루키가 자신의 삶과 의식 속에 드러낸 '비틀즈의 크기'가 만만치 않듯, 오랜 세월 동안 일본인들에게 비틀즈가 가지는 의미는 남다른 것이었을 거라는 생각을 한다. 수퍼 그룹 비틀즈가 전성기(60년대)에 일본에서 공연을 가졌다는 사실이 지금까지 일본인들의 이른바 '탈아입구'(아시아를 넘어 서구를 지향한다는 일본의 사고)적 문화 자부심의 한 자리를 차지하고 있을지도 모른다. 오래전 일본에 갔을 때 산책을 나간 공원에서 주로 주부를 대상으로 한 명품 세일 행사를 구경한 적이 있다. 스피커를 통해서 음악이 흘러나오는데, 바로 비틀즈였다. 놀랐던 것은, <예스터데이> 정도가 아니라, 비틀즈 '앨범을 통째로' 틀어주는 것이었다. 국내에도 팬이 늘어나고 있는 일본의 인기 모던 록 그룹 '에브리 리틀 씽(Every Little Thing)'의 이름도 비틀즈의 동명 노래 제목에서 빌려온 것이 아닐까하는 추측을 한다. 개인적으로, 일본 가요에서 비틀즈의 체취를 유난히 느낀다.

비틀즈와 뉴 에이지

1960년대 미국. 유례없는 기독교의 위축과 더불어 당시 사회의 지배적 가치에 반발하는 반문화운동의 일환으로 일어난 뉴 에이지 운동의 '선구자'로 티모시 리어리(Timothy Leary, 하버드대 교수, 심리학자)란 거물급 인물이

있다. 그는 올더스 헉슬리와 마찬가지로, 평생을 기독교를 끌어내리고 그 대신 샤머니즘과 동양 종교와 마약을 통한 '자기 스스로의 깨우침'을 외치는데 평생을 바친 사람이다. 히피 문화의 전설적 인물이었던 그가 설파한 '마약, 록, 동양종교에 대한 예찬' 사상은 오늘날까지도 지대한 영향을 끼치고 있다.(그는 인간을 신-god, 마약을 '성찬'이라 했다.)

환각여행

그는 자신의 사상을 전파하는데 가장 중요한 도구로 록 음악을 생각했고, 특히 비틀즈에 애착을 보였다. 그는 자신의 책에서 "어떤 '신'이 특정 밴드(비틀즈)에게 내려와 임하였다"고 말하기도 했는데, 그는 비틀즈를 "four sided mandala - 4면의 만다라 (우주의 진리를 표현했다는 불교의 그림)"라 칭하면서 비틀즈의 멤

버 4명을 신성한 단에 배치된 '부처와 보살'로 표현하기도 했다. 리어리는 비틀즈의 <서전트 페퍼..> 앨범에 담긴 음악이 "종교적 각성과 흡사한 사회적 변화를 가지고 올 수 있게 하는 것"이라고 칭송하였다. 비틀즈(존 레논)는 이미 그 전부터 리어리의 사상에 심취하여 자신들의 '대단히 환각적'인 곡인 <Tomorrow never knows>(1965)의 가사에 리어리가 번역한 <티베트 사자(死者)의 서(The Tibetan Book of the Dead)>의 내용을 인용하기도 했다.

비틀즈는 음악활동을 하면서 LSD 등 각종 마약과 환각제를 장기간에 걸쳐 상습적으로 복용하였다. 존 레논은 무려 1,000번 이상 LSD 등 마약을 이용한 '환각여행'을 경험했다고 롤링 스톤과의 인터뷰에서 고백했으며, 일본 공연 시 마리화나를 소지하고 입국하다가 적발돼 물의를 빚기도 했던 폴 메카트니는 "마약은 내 눈을 열어주었다. 우리는 평소 우리의 뇌의 1/10만 쓰고 있는 것이다"라며 마약을 통한 '의식확장 효과'를 선전하기도 했다. (동양종교에서는 오래 전부터 마리화나와 같은 환각제를 의식 확장을 위한 종교적 목적으로 사용해왔다. 뉴 에이지와 마약은 본래부터 불가분의 관계인 것이다. 마약은 또한 록 음악의 오랜 친구다.) 역시 마약상용자였던 조지 해리슨은 "LSD를 통해 힌두의 신이 내 안으로 들어왔다"고 말했다. 이는 마약이 사람의 영혼에 침투하는 귀신의 통로가 될 수 있음을 암시한다. (그렇다면 마약을 하고 만든 음악에 심취하여도 비슷한 일이 일어날 수도 있지 않을까)

초월명상

예수를 믿지 않았던 비틀즈의 멤버들은 1967년 서양에 '초월명상'을 전파한 인도의 종교지도자 '마하리시 마헤시 요기'를 만나게 되고 그의 인도로 히말라야의 명상 캠프에 참여한다. 비틀즈는 이 시기를 전후해 동양 종교에 깊은 관심을 가지게 된다. 마하리시는 이들에게 마약을 통하지 않고 종교적 명상을 통해 '초월적 경지'에 이를 수 있다고 가르쳤으며, 비틀즈를 '지구의 천사들(Angels on earth)'이라 부르기도 했다. 마하리시가 전한 동양 종교의 신비한 매력에 이끌린 비틀즈는 자신들의 음악과 힌두교의 접목을 시도하였는데 존 레논의 곡 <Norwegian wood>에 팝 음악 사상 최초로 인도의 전통 현악기인 시타르 연주를 도입했고, <서전트 페퍼..> 앨범에는 '우리는 하나'(We're all one)라는 동양 철학(뉴 에이지)사상을 담은 곡 <Within you without you>를 삽입하기도 했다.

당시 비틀즈 멤버 중 인도의 신비주의에 가장 깊이 심취한 사람은 이 노래를 쓴 조지 해리슨이었다. 그는 점점 동양 신비주의에 깊이 빠져들어 결국 크리쉬나교의 신자가 되었고 비틀즈 해산 후 <All Things Must Pass>등 힌두 사상을 기반으로 한 일련의 종교성 짙은 앨범들을 발표하였다. 대표적으로, 기독교적 노래를 가장하는 교묘한 방법으로 힌두 크리쉬나 신을 찬양한 노래 <My Sweet Lord>는 빌보드 차트 정상을 차지하는 등 세계적인 대히트를 기록하기도 했다.

힌두교와 동양 신비주의

조지 해리슨 다음으로 힌두교 등 동양 종교에 영향을 받은 멤버가 존 레논이었다. 존 레논은 후일 마하리시를 폄하하고 비난하기도 하였지만 그가 받아들인 동양의 신비주의 종교 철학은 오랫동안 그의 세계관 속을 맴돌았다. <Let it be>앨범에 수록된 그의 노래<Across The Universe>에서는 "Jai Guru Deva Om (신이여 승리하소서)"라는 말이 반복되어 나오며, 솔로 시절 발표한 <Mind games>에서는 만트라(mantra : 힌두교의 기도에서 외는 신성한 주문)와 지구의 평화(peace on earth)를 말한다. <Instant karma(즉각적인 카르마)>는 불교와 힌두교에서 말하는 갈마(업, 인연, 인과응보)에 대해 존 레논 나름의 해석을 가한 노래이다.

레논이 말년에 심취한 것도 결국 '점성술'과 '선불교' 등 뉴 에이지와 관련된 것들로 여기에는 일본인 전위예술가인 부인 오노 요코의 영향도 적잖이 작용하였다. 오컬트에 깊이 빠졌던 레논과 요코 부부는 자신과 집안의 모든 일정을 '철저히' 점술에 의지하여 결정하였다고 한다. 최초 오노 요코의 머리 속에서 착상(着想)

된 것으로 알려진 레논의 대표작 <이매진 Imagine>은 전 세계에 예수 그리스도가 없는 형제애와 평화를 주장하는 뉴 에이지의 '단일세계 사상'을 광범위하게 전파한 노래가 되었다. (오노 요코가 존 레논에게 끼친 영향은 아방가르드 예술 그 이상이다.)

비틀즈는 마리화나나 LSD와 같은 마약 체험에 대한 긍정적 인식을 전 세계 젊은이들에게 확산시킨 최초의 록 그룹이었다. 비틀즈 출현 이후 언론을 비롯한 사회 전반의 마약 사용에 대한 비판 수위가 대폭 완화됐으며, 대중의 마약에 대한 범죄의식이나 죄의식 또한 현격히 약화되었다. 또 비틀즈의 <서전트.페퍼..>를 계기로 록 그룹들이 마약 사용을 음악적 주제로 삼는 일이 현저히 증가하였다. 아울러 그들은 서구에 힌두교와 불교와 인본주의가 혼합된 뉴 에이지 사상 전파의 가장 영향력 있는 선구자들이었다. 비틀즈와 그들의 탁월한 로큰롤은 20세기 중반 이후 마약에 대한 새로운 인식과 뉴 에이지 사상을 전 세계에 부지런히 실어 나른 사단의 중요한 동력((動力)이었다.

비틀즈의 열광적인 팬들은 "비틀즈는 역사상 최고의 위대한 그룹이었고, 그들은 위대한 음악을 탄생시켰다"고 믿고 있겠지만 기독교의 눈으로 볼 때, 비틀즈는 20세기에 사단에 의해 크게 쓰임을 받은 인물들일 수 있는 것이다. (기독교 입장에서 볼 때 가장 위험한 것 중 하나는 반기독교적인 사상이 대단히 매력적이고 인기 있는 대중 예술에 실려 광범위하게 전파되는 것이다.)

추기 마하리시 마헤시 요기(Maharishi Maheshi Yogi)는 미국에서 물리학을 공부하였으며, 자신의 스승 스와미 브라마난다 사라스와티에게 초월적 명상(TM : Transcendental Meditation)을 배워 미국과 전 세계에 전파했다. 1971년에는 미국에 마하리시 대학이 설립되었고,

1992년에 마하리시는 세계 60개국에 '자연법당(自然法黨)'을 결성하였다. 60년대 이후 서구에 뉴 에이지 붐을 일으킨 중심적 인물 중 한 사람인 마하리시는 특히 비틀즈를 제자 삼음으로써 전 세계적인 유명 인물이 됐다.

조지 해리슨은 자신이 믿는 힌두교의 3대 신 중의 하나인 '크리쉬나'를 찬양하는 노래 〈My Sweet Lord(나의 존귀하신 주님)〉를 마치 기독교의 하나님을 찬양하는 노래인 것처럼 위장하여 히트시켰다. 이 노래의 후렴부에서는 "할렐루야(주님을 찬양하라)"가 계속 반복되다가 어느 순간 슬그머니 "하레 크리쉬나(크리쉬나를 찬양하라)"로 바꾸어 반복된다. 해리슨은 후일 이에 대해 사람들에게 거부감 없이 크리쉬나교를 널리 전파하기 위해 의도적으로 속임수를 썼노라고 솔직히 고백했다. 인도인들은 크리쉬나를 '크리쉬타'라 부르기도 하는데, 노래에서 해리슨이 이런 식으로 발음했기 때문에 사람들은 이를 '크라이스트(예수)'로 착각했다. 이 노래는 공전의 히트를 쳤고, 필자 역시 이

노래를 즐겨 따라 불렀었는데, 이 노래를 좋아하거나 따라 부른 수많은 사람들은 자신도 모르게 힌두의 신을 찬양한 것이었다. 비틀즈라는 거대한 영향력을 이용한 사단의 교활한 수작이었다.

"모든 사람은 크리쉬나를 찾고 있습니다. 어떤 이는 그 사실을 모를지라도 실상 그는 크리쉬나를 찾고 있는 것입니다. 크리쉬나는 하나님(God)이시고 모든 존재하는 것의 근원(source)이시며 과거와 현재 그리고 앞으로 존재할 모든 것의 원인(cause)이십니다. 하나님에게는 한계가 없는 법. 그분은 많은 이름을 가지고 있습니다. 알라, 부처, 여호와, 라마 모두가 크리쉬나이시며 모두가 하나이십니다.(As GOD is unlimited He has many names. Allah-Buddha-Jehova-Rama : All is KRISHNA, all is ONE)..."

"하나님은 추상적인 분이 아닙니다. 하나님은 비인격적인 면과 인격적인 양면을 가지고 계시는데, 그 분의 인격은 지고하고(supreme), 영원하며(eternal), 행복에 차있고(blissful), 지혜(knowledge)로 가득합니다. 한 방울의 물이 대양(大洋)의 물과 같은 성질(quality)을 가지고 있듯, 우리의 의식도 하나님의 의식과 동질(同質)인 것입니다..그러나 우리가 물질적 힘(육체, 감각적 쾌락, 물질의 소유, 자아 등)에 붙잡혀있고 또 우리를 물질적 힘과 동일시함으로써 마치 얼룩진 거울이 깨끗한 상을 제대로 비춰내지 못하는 것처럼 우리의 진실한 초월의식이 오염되어 온 것입니다." 이 글은 조지 해리슨이 <크리쉬나, 신의 지고한 인성>이란 책의 서두에 쓴 헌정사 내용 중 일부이다. 뉴 에이지 사상의 일면을 잘 알 수 있게 해주는 내용이다. 위 사진은 힌두교 신자가 되어 'Hari Georson'이란 힌두 이름을 갖기도 했던 비틀즈의 조지 해리슨. 그는 2001년 암으로 사망했는데 그의 장례는 유언에 따라 힌두교 의식으로 치러졌고 그의 유해는 갠지스 강에 뿌려졌다.

비틀즈와 기독교

비틀즈의 존 레논은 1966년 런던 이브닝 스탠더드와의 인터뷰에서 "기독교는 쇠퇴하여 반드시 사라져 버릴 것"이고 "지금 우리(비틀즈)는 예수보다 유명하며, 로큰롤과 기독교 중 어느 것이 먼저 사라질지는 모른다"라는 요지의 '유명한' 기독교 모독 발언을 했다. 이 문제 발언은 당시 비틀즈 공연이 예정되었던 미국 내에서 (영국에서는 잠잠함) 엄청난 파장을 일으켰고, 비틀즈의 노래가 방송 금지되고 그들의 레코드가 불태워지는 등 거센 반(反)비틀즈 바람이 일어났다. 파장이 커지자 비틀즈(존 레논)는 '의도가 잘못 전달된 것'이라며 해명에 나서 사태는 진정되었지만 이 사건은 팝 역사 상 인기 가수가 공개적으로 기독교를 모독(공격)한 최초의 사건으로 기록된다. 비틀즈가 이 사건으로 물꼬를 튼 이후 팝 가수가 기독교와 하나님을 조롱하고 모독하는 일은 지금까지 빈번히 그리고 꾸준히 이어지고 있다.

기독교 모독과 우상 숭배

"우리는 예수보다 유명하고, 로큰롤과 기독교중 어느 것이 먼저 사라질지 모른다"라는 위의 발언은, 사실 기독교 문화가 지배해온 서구의 일반 대중이 '기독교나 예수'에 대한 지지 이상으로 비틀즈에 대해 열광을 넘어 일종의 종교적 '숭배의식'을 드러낸 당시의 세태를 있는 그대로 반영한 것이다. (사진은 비틀즈 공연에서 팬들이 존 레논을 구세주로 칭송하는 현수막을 내건 모습) 그러면서 이 말은 오늘날 현대사회에서 대중가수가 신격화(우상화)되고 록 음악이 기독교에 필적하는 거대한 종교적 위상을 확보한 현실을 정확히 '예언'한 것이다. 동시에 이 말은 분명히 존 레논과 비틀즈의 기독교에 대한 반감, 나아가서는 적대적 인식의 일단을 드러낸 것이었다. 위의 발언을 자세히 들여다보면, 비틀즈(존 레논)는 자신들을 예수 그리스도와, 그리고 로큰롤과 기독교를 '대등한 위치'에 올려놓고 있음을 알 수 있는데, 이 발언의 바탕에는 기독교를 불교나 힌두교와 같은 여러 종교 중 하나로, 예수를 부처나 마호메드와 같은 종교지도자 혹은 공자와 같은 철학자와 같은 인물로 본 이들의 '기독교관, 예수관'이 작용하고 있다.

네 명의 멤버 중 존 레논은 기독교에 대해 가장 관심이 많으면서, 기독교에 대해 가장 냉소적이고 적대적이고 비뚤어진 생각을 가진 인물이었다. 일례로, 그는 자신의 노래 <God>에서 신이란 인간이 자신의 고통을 측정하는 하나의 '개념(concept)'이라 말하면서 "나는 예수를 믿지 않는다"라고 선언했다. 레논은 자신의 책에 십자가에 달린 예수를 모독하는 삽화를 그려 넣는가 하면 예수를 "마늘을 먹고 악취를 풍기는, 하찮은 황색인, 교활한 파시스트놈.."이라 묘사하거나 기독교의 삼위일체를 "Father, Sock & Mickey Most"란 표현으로 비하하기도 했다.

현대판 예수

존 레논은 나중에는 아예 자신을 예수와 '경쟁'하는 인물로 묘사하고 또 그렇게 행동하였다. 존 레논은 한 번은 비틀즈 멤버들 앞에서 중대한 발표를 한다면서 "내가 바로 재림한 예수 그리스도다"라고 선언한 후 애플 레코드(비틀즈 소유 레코드사)로 하여금 즉시 자신의 '재림'을 알리는 보도 자료를 내  도록 주문하기도 했다. (그는 자신이 실제 재림한 메시아일지도 모른다는 망상에 빠졌을 개연성이 있다) 그가 예수를 흉내 내어 머리를 길게 늘어뜨리고, 전 세계인들을 향해 마약과 월남전, 그리고 드디어 "인류의 평화"에 대해 메시지를 '설파'하기 시작했을 때 존 레논은 이미 대중음악가라는 신분을 뛰어넘고, 고독한 철학자나 정치 운동가의 모습을 넘어서, 현대판 예수처럼 행세하고 있었다.

존 레논은 노래 <밸러드 오브 존 & 요코>에서 "이봐 예수..일이 되어가는 걸 보니 그들이 나를 십자가에 못 박으려 하는군"이라며 자신의 상황을 예수에 빗대어 표현하기도 했다. 존 레논이 남긴 가장 '위대한 노래'로 오늘날 까지 전 세계 '평화의 찬가'로 널리 애창되는 <이메진 Imagine>은 국가나 종교, 소유를 부정하는 인본주의적, 사회주의적, 무정부주의적 유토피아를 그린다. 서정적 선율의 감상적 분위기와는 달리 다분히 급진적 내용의 이 노래는 우리 기독교의 입장에서 볼 때 매우 과격한 반기독교 사상(천국과 지옥이 없으며, 종교의 구분도 없는 세상..)을 담은 위험한 노래로 받아들여진다. 레논은 이 노래 속에서 자신을 진리를 외치는 고독한 선지자와 같은 모습으로 그리면서, 언젠가 세상 사람들이 자신에게 동조하게 될 것이고 그 때 "세계는 하나가 될 것이다 (The world will be as one)"라는 말로 노래를 마무리 하고 있다. 이러한 사고는 사회주의, 무정부주의 사상과 기독교 부정에서 한 걸음 더 나아가 "모든 것은 하나"라는 반기독교 뉴에이지 운동의 통합주의 혹은 단일세계종교 (one world religion) 사상의 일단을 드러내고 있는 것으로, 듣는 이의 눈물을 흘리게도 만드는 이 황홀하고 매력적인 노래 속에 사단의 역사가 깊숙이 개입되어 있음을 짐작케 한다.

추기 1967년 영국의 BBC방송은 사상 최초로 위성을 통해 전 세계에 방송되는 'Our World'라는 프로그램에 비틀즈를 출연시켜 이들의 레코딩 장면을 라이브로 전세계에 송출한다. 전 세계 약 4억의 인구가 시청하는 가운데 비틀즈의 신곡<All You need is love(당신에게 필요한 건 오직 사랑. 존 레논 곡)>이 미국과 유럽 그리고 아시아에 동시 방송되었고 이 노래는 세계인이 애창하는 가장 유명한 '사랑의 찬가'가 되었다. 그러나 여기서 비틀즈가 이야기한 사랑은 우리가 말하는 보편적 사랑의 개념과는 사뭇 다른 당시 반전운동과 히피 문화의 슬로건이 된 '뉴 에이지 시대의 사랑'을 일컫는 것이었다. (비틀즈의 조지 해리슨은 나중에 이 노래 제목의 '사랑(love)'을 자신이 믿는 힌두의 신 '크리쉬나'로 바꾸었다.) 또 몇 년 전 UN(국제연합)은 존 레논의 기일(忌日)에 그의 대표작 <Imagine>을 전 세계에 방송하였는데, 이 두 사건은 오늘날 범지구적 영향력을 구축한 로큰롤의 막강한 파워와 그 로큰롤의 등을 타고 전 세계에 뉴 에이지 사상(인본주의와 동양종교가 혼합된 세계평화 주창 등)이 광범위하게 전파되고 있는 실상을 잘 보여준 대표적 사례로 생각된다.

존 레논은 1968년 두번째 부인 오노 요코와 함께 작업한 앨범 <Two Virgins>를 발표했다. 이 음반 표지에는 두 사람의 성기까지도 완전히 드러낸 전신 나체 사진이 실렸는데, 자켓 뒷면에 성경 말씀(창세기 2장 25절 "두 사람이 벌거벗었으나 부끄러워 아니하니라")을 싣고 있다. 레논은 자신들의 외설 퍼포먼스에 하나님의 거룩한 말씀을 장난처럼 인용함으로써 기독교의 하나님을 거칠게 모독하는 대담함을 보였다. (사진은 하반신을 다른 종이로 가린 음반 자켓)

존 레논은 1980년 마크 데이빗 채프먼이라는 한 광적인 팬의 총에 맞아 세상을 떠났다. 국제적 명성을 획득한 거물 대중음악가가 자신의 팬에 의해 '암살을 당한' 이 사건은 팝 역사상 전무후무한 일이 되고 있고, 이 역사적인 죽음으로 인해 존 레논은 드디어 논란의 여지가 없는 완벽한 '성인(聖人 saint)'의 반열에 올랐다. 천재성이 번득이는 그의 음악들과 그가 남긴 언행, 그리고 그의 '비상(非常)'한 죽음으로 인해 존 레논은 현대 대중문화의 '메시아'의 자리에 우뚝 올라섰다. 그리고, 그가 남긴 〈Imagine〉과 같은 '불멸의 걸작'을 통해 전 세계 수많은 사람에게 전파된 메시지는 또 하나의 '현대판 복음'으로 지금까지도 세대를 이어 전해지고 있는 것이다.

존 레논을 죽인 채프먼은 후일, 자기 안에서 "존 레논을 죽이라"는 악마의 음성을 듣고 범행을 저질렀다고 고백하였는데, 이는 존 레논을 극적인 방법으로 죽게 함으로써, '존 레논 신화'를 지속적 생명력을 지닌 '성자 숭배' 차원으로 끌어 올리려는 사단의 역사가 개입되었음을 암시하는 것이다. (레논이 죽자 당시 레논 팬들의 추종 자살이 잇따랐다.) 한편 살인범 채프먼은 후일, 어렸을 적부터 숭배해 온 존 레논이 그의 노래 (아마 〈Imagine〉인 듯..)를 통해 주창한 '욕심 없는 삶'과는 달리 호화판 생활을 하는 잡지 기사를 보고 레논을 위선자로 생각해, 죽이기로 결심했다고 살해 동기를 밝혔다.

지난 2001년 빌보드지 연말 결산 차트에서 1위를 차지한 가수는 놀랍게도 비틀즈였다. 30년 전에 활동을 멈춘 그룹이 현존하는 쟁쟁한 가수들을 누르고 정상을 차지한 것이다. 이는 당시 비틀즈 활동시절의 차트 1위 노래를 모은 앨범 〈1〉이 출시된 이유가 크지만 또 한편 지금까지 비틀즈를 능가할만한 팝 스타가 나오지 못하고 있는 현실을 말해준 것이다. 비틀즈는 1960년대와 70년대 초에 걸쳐 전

세계 젊은이들이 동일시하기를 원하는 라이프스타일의 전형(典型)이 된 이래 지금도 여전히 그들의 음반과 책 등을 통해 자신들의 새로운 추종자와 숭배자들을 탄생시키고 있다. 그들의 레코드는 지금도 10대와 20대에게 팔린다. 대중음악의 고전(클래식) 그리고 현대문화의 영원한 아이콘이 된 것이다.

비틀즈의 거의 모든 음악을 작사 작곡하며 주축을 이룬 존 레논과 폴 메카트니가 처음으로 만난 것은 교회의 한 파티에서 였다. 술에 취한 존 레논이 교회에서 열린 파티에서 폴 메카트니를 만나 탄생시킨 록 밴드가 20세기와 21세기에 걸쳐 교회를 대적하는 인본주의와 뉴 에이지 등 반기독교 세계관의 강력한 전파자가 되었다는 것은 하나의 아이러니다. 비틀즈와 관련한 일화 하나. 2003년 11월 경기도의 한 성당에서 건축기금 마련을 위한 음악회가 열렸다. 국립경찰 교향악단의 실내악 주자들이 비틀즈의 곡을 연주하는 도중 난데없이 하늘에서 장대비가 쏟아져 천막 지붕을 두들기는 바람에 연주가 엉망이 되었다고 한다. 뉴스에 난 얘기다.

천국으로 가는 계단 I
- 어둠의 전설

2005년 9월, 국내의 대표적 대중음악 평론가가 운영하는 음악 사이트가 국내 유명 뮤지션들을 대상으로 '가장 좋아하는 곡'을 물은 설문 조사에서 록 그룹 레드 제플린(Led Zeppelin)의 <천국으로 가는 계단(Stairway to heaven)>이 1위로 선정된 것으로 보도됐다.(2005년 9월 29일자 조선일보 외) 가장 많은 뮤지션들이 레드 제플린의 <Stairway..>와 <Kashmir>, <Whole Lotta Love> 등을 최고의 명곡으로 꼽았고, 비틀즈, U2, 스팅, 프린스, 핑크 플로이드의 곡이 그 뒤를 이었다. (레드 제플린의 곡이 2005년 현재 '한국의 유명 대중음악 뮤지션들이 가장 좋아하는 곡 1위'로 선정되고 있는 '무게'에 상응하여 아래에 '긴 글'을 쓴다. 필자)

헤비 메틀의 신, 제플린

몇 년 전 <Stairway to heaven (이하 '천국으로 가는 계단'으로 표기)>가 영국의 라디오 청취자들이 뽑은 인기곡 1위로 선정이 되었다는 기사를 보면서 "이 곡의 저력이 정말 대단 하구나"라는 생각을 했는데, 이 발표를 보면서 이 곡이 가진 파워를 새삼 실감했다. 그러나, 아마 국내 나아가 전 세계 록 팬들을 대상으로 인기투표를 하였어도 역시 같은 곡(천국으로 가는 계단)이 나오지 않았을까 싶다. 그만큼 유명하고 전설적이며 듣는 사람을 사로잡는 황홀한 곡이니까. 1972년에 발표된 이 곡은 70년대에 미국과 영국에서 가장 많이 라디오 전파를 탄 록 발라드였으며 그 후 전 세계 록 밴드와 록 팬의 영원한 '송가(頌歌 anthem)'가 되었다. 록 음악에 입문하는 사람들에게 <천국으로..>가 수록된 <레드 제플린 IV(4집)>은 지금까지 필수 교과서가 되고 있고 세계의 모든 록 밴드에게 레드 제플린은 영원한 헤비 메틀의 전설이자 '록의 신(god)'으로 추앙 받아왔다.

60년대가 비틀즈의 시대였다면 70년대는 레드 제플린이었다. 2003년에 나온 이들의 72년 공연 실황을 담은 석장짜리 라이브 앨범 <How The West Was Won>은 발매 첫 주 만에 빌보드 앨범차트 정상을 차지함으로써 23년 전 해체된 밴드로서는 믿기지 않는 놀라운 기록을 세웠다. 현재까지 팔려나간 레드 제플린의 앨범은 2억장이 넘는 것으로 집계되고 있다. 제플린은 30년의 세월을 뛰어 넘어 올드 팬은 물론 수많은 신세대 록 팬들의 '경외'의 대상이 되고 있으며, 그들의 음악적 진수가 농축된 <천국으로 가는 계단>은 오늘도 '록 음악이 줄 수 있는 최고의 환희와 황홀경'을 자랑하면서 수많은 청소년들과 젊은이를 록 음악의 세계로 인도해 내고 있다.

알레이스터 크로울리

　제플린이 록계의 절대 강자로, 나아가 범접할 수 없는 신성한 '록의 신(god)'으로 군림해온 찬란한 레드 제플린의 신화(神話)가 있다면, 다른 한 편에는 이 그룹이 신비주의와 악마주의에 연관 되었다는 '어둠의 전설(傳說)'이 존재하고 있다. 그리고 이 어두운 이야기의 상당 부분은 비기독교 진영에서 나온 것이다. 국내에서 나온 한 자료를 살펴보자. "..지미 페이지가 심취해있던 흑마술의 알레이스터 크로울리의 철학과 로버트 플랜트의 고대 켈틱 역사관 등이 반영되어 신비적인 세계관을 만들어 놓았다. 제플린의 이런 다양한 면이 집약된 명곡이 바로 <Stairway to heaven(천국으로 가는 계단)>이다."(시대별 록을 찾아서/ 도서출판 꾼, 상 40쪽) 이 글에 등장하는 '알레이스터 크로울리'란 누구인가? 크로울리(Aleister Crowley, 1875-1947)는 사탄의 교회(The Church of Satan)의 창시자이자 교주이며 사탄경(The Satanic Bible)의 저자인 앤튼 레비(Anton Szandor LaVey)와 함께 근·현대 악마주의(satanism)의 양 축을 이루고 있는 대표적 인물이다.

　영국 태생으로 보수적 기독교 집안에서 자라난 크로울리는 젊은 시절 기독교 신앙을 버리고 흑마술(black mass)과 마법 등 오컬트(occult)에 깊이 심취하여 사탄주의자(satanist)로 변신한 후, 자신을 스스로 '큰 짐승(666,The Great Beast)'이라 불렀다. - 그는 실제 자신을 성경에 나오는 적그리스도의 강생(降生)한 존재로 믿었다고 한다 - 영국 신문에 19세기가 낳은 '가장 사악한 인

간'으로 기록되기도 한 그는 약물에 의한 무아지경의 상태에서 신비스러운(변태) 성(性) 의식을 통해 귀신들과 접촉하였고, 악마와 성관계를 가졌다고 주장했다. 2000년대에는 기독교가 소멸하고 새로운 신이 지배하는 '즐거운 세상' - Aeon of Horus(호루스 : 고대 이집트의 태양신) -이 도래한다고 주장했던 그의 사상의 초점은 '개인의 자기 성취와 자기 탐닉을 최고의 존재 목적'으로 여기는 것이었다.

1) 기독교 배척 (크로울리는 자신의 모든 마법과 신비술의 힘을 포기하는 한이 있더라도 자신의 최상 목표인 '기독교 파괴'에 자신의 모든 것을 쏟겠다고 말했다) 2) 자신을 최고로 생각하는 것 3) 개인의 경험과 목적을 위한 마술의 사용 등 크로울리가 주창한 원리는 근대 사탄주의의 기초가 되었다. (사탄이즘/ 밥 그레첸파산티노/은성. 발췌 인용)

오컬트 사상과 관습에 대해 모든 것을 통달하여 '걸어다니는 오컬트 백과사전'으로 불리기도 했던 크로울리는 100권이 넘는 방대한 저서를 남겼고 영미를 포함한 전 세계에 수많은 추종자를 만들어 냈으며, 그의 사상과 철학은 현재에 이르기까지 막강한 영향을 끼치고 있다. "당신이 하고 싶은 일을 행하라. 그것이 법

칙이다 (Do what thou wilt shall be the whole of the Law)"라는 크로울리의 선언은 오늘날 현대 악마주의에 있어서 가장 유명한 교리가 되고 있다. 레비와 크로울리는 헤비 메틀을 중심으로 한 현대 록 음악(과 영화)에 많은 영향을 끼쳤는데 - 비틀즈는 그들의 앨범 <서전트 페퍼..>의 표지에 자신들이 존경하는 인물들 중 하나로 크로울리의 사진을 넣기도 했다 - 그러나 그 가운데 레드 제플린의 중심 인물인 기타리스트인 지미 페이지(Jimmy Page)는 그 누구보다도 열렬한 크로울리의 추종자였다.

천국으로 가는 계단 II
- 알레이스터 크로울리

레드 제플린의 기타리스트 지미 페이지가 세기의 마법사이자 현대 악마주의의 대부인 크로울리에 심취한 것은 단순한 흥미의 차원을 '완전히 넘어선 것'이었다. 페이지는 크로울리가 실제 살았던 스코틀랜드 로치 네스에 위치한 대 저택(Boleskin House)을 구입해 거기서 살았다. 그 성(城)은 크로울리가 거주할 당시 그가 고안해 낸 다양한 악마적 오컬트 의식인 마약 난교(亂交 : 그룹섹스)파티, 인신 제물 제의 등이 행해지던 곳이었고 저택의 깊은 곳에 크로울리의 무덤이 있다고 알려진다. (이 저택은 교인들과 함께 불 타버린 교회의 터 위에 지어진 집으로 다른 사람이 소유했을 때에도 관리인이 정신병원에 격리되거나 살인과 자살 등 어두운 사건이 끊이지 않아 귀신이 우글거리는 집으로 소문이 나 있었다고 한다.) 페이지의 크로울리와 오컬트(occult 마술, 비학秘學)에 대한 열광은 여기에 그치지 않는다.

오컬트 마니아

그는 런던에 'Equinox'라는 이름(크로울리가 생존시 편집을 맡았던 잡지의 제목을 가져다 씀)의 오컬트 전문 서점의 지분을 소유하기도 했는데 이 서점은 특별히 크로울리의 저서와 관련 서적을 전문적으로 취급하였다. 페이지가 수집해 소장한 크로울리 저서의 정본(original)과 원고 및 유물은 당시 세계 최고 수준이었던 것으로 전해지고 있다. 페이지는 한 인터뷰에서 "크로울리는 오늘날에도 여전히 완벽한 의미를 가진다. 우리는 진리를 찾고 있는 중이며, 앞으로도 이 작업은 계속될 것이다. 나는 그가 나쁘다고 생각하지 않는다"며 크로울리에 대한 애정을 표시했다. 또 "당신은 내가 하는 것과 같은 초현실적인 것들에 대해 연구를 해보면 절대로 악마를 무시할 수 없다. 또, 나는 신비주의에 관해 많은 책을 읽었고, 많은 집회에 참여했으며 앞으로도 이 공부를 계속할 것"이라 말하기도 했다.

크로울리와 오컬트에 깊이 심취한 지미 페이지는 그룹의 앨범과, 콘서트, 의상 등 곳곳에 자신의 관심사를 드러냈다. 제플린 3집 초판 앨범의 표지 속에 크로울리의 유명한 교시인 "Do what thou will (당신이 하고 싶은 일을 행하라)"의 문구를 삽입하는가 하면 <천국으로 가는..>이 수록된 <제플린 IV(4집)> 음반 레이블(사진. Atlantic이라는 레코드사 명 아래)에는 멤버 네 사람이 각각 자신을 상징하는 기호를 그려 넣기도 했다. 페이지가 자신의 개인 표장(標章 emblem)으로 즐겨 사용하였고 레드 제플린의 트레이드마크처럼 인식되기  도 한 'Zoso'(맨 왼쪽)라는 심볼의 이름과 의미는 크로울리의 저서 <Equinox of the Gods>에서 빌어온 것으로 알려진다. (이 심볼이 부분적으로 '현대판 크로울리'로 불리는 영국의 저명한 심령술사이자 미술가인 오스틴 오스먼 스페어의 작품을 차용한 것이라는 자료도 있다)

666

이 책의 내용을 풀이한 바에 따르면 Zoso는 요한계시록에 나오는 '짐승의 수'인 666을 그림으로 도안한 것으로 이는 바로 크로울리(동시에 사단)를 가리킨다. 그렇다면 지미 페이지는 이 심볼을 통해 자신을 크로울리와 동일시하고 있는 것이라고 추측할 수 있다. (혹자는 크로울리의 영이 지미 페이지와 연합한 것이라고도 함) 한편 지미 페이지가 나머지 멤버들에게 부여해 주었을 것이 분명한 심볼들은 드루이드교의 룬 문자에서 따온 것으로, 보컬리스트 로버트 플랜트의 것(사진 맨 오른쪽 : 깃털을 가진 원)은 정의와 공평의 이집트 여신인 'Ma'at'의 깃털을 의미하는 것이고 나머지 멤버인 존 폴 존스와 존 본햄의 심볼들도 고대 이집트의 신(Osiris, Isis, Horus)등과 연관이 있는 것으로 알려지고 있다. (지미 페이지는 이러한 심볼들로 멤버들을 형상화함으로써 레드 제플린을 고대의 신들이 부활한 영적 연합체로 규정하려 했을 수 있다.)

한편 크로울리의 열심있는 제자 중 하나로 널리 알려진 저명한 영화감독인 케네스 앵거(Kenneth Anger)와 지미 페이지 사이에 일어난 유명한 사건이 있다. 한때 지미 페이지와 친하게 지내던

앵거가 페이지에게 자신의 사단숭배 영화인 <Lucifer Rising(루시퍼 라이징)>의 사운드 트랙을 부탁했다.(이 영화는 영화 사상 악마주의 영화의 대표작 중 하나로 손꼽히며, 앵거는 다수의 악마주의 영화를 만든 사탄주의자였다. 그는 영화를 제작할 때 사단교의 교주 앤튼 레비의 자문을 받기도 하였으며 그룹 롤링 스톤스의 믹 재거 등 록 가수들을 그의 영화에 끌어들였다. 한국에서는 근래 퀴어 영화제에서 그의 작품이 소개되기도 했다.) 그러나 페이지가 만들어준 음악이 앵거의 마음에 들지 않자 앵거가 이 음악을 사용하지 않기로 했고 이로 인해 두 사람 사이가 크게 벌어졌다. (사진은 영화에 채택되지 않은 지미 페이지의 '루시퍼 라이징' 사운드 트랙을 선전하는 광고. '알레이스터 크로울리의 제자 지미 페이지'란 문구가 있다. 왼쪽이 지미 페이지이고 오른쪽이 크로울리다)

이에 화가 난 앵거가 지미 페이지에 대한 '저주'를 선언하였는데, 이 저주의 결과로 싱어 로버트 플랜트가 자동차 사고를 당해 중상을 입고 플랜트의 다섯 살 난 아들이 전염병으로 사망하는 비극이 일어났고 지미 페이지가 무대에서 쓰러지고 다치는 등 불길한 사건이 이어지다가, 마침내 드러머 존 본햄이 보드카 과음으로 사망함으로써 결국 레드 제플린이 해산을 맞게 되었다는

'앵거의 저주' 이야기가 오늘까지 전해지고 있다. 한편 당시 존 본햄의 죽음과 관련하여 널리 퍼졌던 소문 중 하나는 페이지가 행한 흑마술(Black Mass : 어두움의 세력과 제휴하여 행하는 일종의 사단숭배 의식으로 초월적 힘을 가진 영적 능력을 매개로 신비한 결과를 얻고자 하는 마술)의 영향으로 본햄이 사망하였다는 것으로, 레드 제플린이 그러한 결말을 맞게 된 궁극적 원인이 바로 지미 페이지의 오컬트와 크로울리에 대한 광적인 집착 때문이었다는 것이다.

천국으로 가는 계단 Ⅲ
- 백워드 매스킹

　레드 제플린과 관련하여 오래 전 부터 떠도는 얘기 중 하나가 이른바 백워드 매스킹(backward masking : 음반을 거꾸로 틀었을 때 숨겨진 메시지(hidden message)가 들리도록 하는 기술. 백 매스킹이라고도 함)과 관련한 것이다. 최소한 <제플린의 4집>과 5집 앨범<Houses of the Holy 사진>에 백 매스킹 기법에 의한 '사단숭배 메시지'가 삽입돼 있다는 주장이 널리 제기되어 있다. 그 내용은 제플린 5집 앨범 수록곡 <Over The Hills And Far Away>에 '사단은 진실로 하나님이다 (Satan Is Really Lord)'라는 메시지가 삽입되어 있다는 것. 그리고 무엇보다도 이들의 대표작이자, 록 역사상 최고 걸작으로 손꼽히고 있는 문제의 곡 <천국으로 가는 계단>에 사단의 메시  지가 들어 있다는 것인데, 이는 이미 국내에도 잘 알려진 이야기다.

백워드 매스킹

　기록에 따르면, <천국으로 가는...>이 백워드 기법에 의한 사단

숭배의 메시지를 포함하고 있다는 주장은 미국의 대표적 방송사인 CBS 방송이 최초로 언급한 것으로 되어있다. CBS는 1982년 4월 저녁 뉴스에서, <천국으로..>를 거꾸로 틀었을 때 아래와 같은 사단을 찬양하는 메시지가 흘러나온다고 보도했다. "나는 사단과 함께 살고 있기에 노래를 부른다.. 아무도 (사단으로부터) 빠져나갈 수 없다. 여기 나의 사랑하는 사탄에게 바치는 노래가 있다... 그는 너에게 666(짐승의 표)을 줄 것이다. 나는 사단을 위하여 산다.." (자료마다 내용이 조금씩 다르기는 하나, 거의 이 내용과 유사하다) 필자의 경우, 메시지의 내용을 사전에 인지한 상태에서 들었을 때, 상당 부분이 비슷하게 들렸다. 그러나 이 메시지가 의도적으로 삽입된 것인지, 아니면 우연의 일치로 그렇게 들리는 것인지는 알 수 없다. 당사자인 레드 제플린은 이러한 혐의(?)를 부인한 것으로 알려지고 있다.

그러나 한편, 레드 제플린의 노래와 사단의 연루설, 나아가서 백워드 매스킹 관련설은 앞서 언급한 바와 같이, 제플린의 중심 인물인 지미 페이지가 근대 사탄이즘의 대부인 크로울리의 열렬한 추종자였다는 점에서 결코 근거 없는 얘기로만은 볼 수 없게 한다. 기록에 의하면, 크로울리는 그의 제자가 되기 위해 찾아온 많은 사람들에게 마술(witchcraft)의 중요 원리 중 하나로 '거꾸로 하기의 마법(the occult law of reversal)'을 가르쳤다고 한다. 즉 걷기, 말하기, 생각하기, 읽기, 쓰기 등 모든 것을 거꾸로 하는 것이다. 그는 또한 그의 제자들에게 특별히 '음반 거꾸로 듣기'를 훈련시켰다. 음반을 역회전시켜서, 들리는 메시지를 통해 미래를 투시할 수 있는 통찰력을 갖게 된다는 것이 크로울리의 생각이었다.

그렇다면, 당시 크로울리에 관한 가장 많은 장서를 소유하고 크로울리가 살았던 저택을 구입해 살 정도로 크로울리의 '열광적 추종자'였던 지미 페이지가 자신이 가장 훌륭하다고 믿은 자신들의 노래 - 페이지는 <천국으로 가는..>이 자신들의 음악적 역량이 최고도로 발휘된 최고의 걸작, '빛나는 곡(glittering song)'이라 말했다. - 속에 크로울리의 주요 교시(敎示)중 하나인 '거꾸로 하기의 신비적 마술'을 시도했을 가능성이 전혀 없지 않다. 나아

가 페이지가 의도적으로 백워드 기법을 사용하지 않았더라도, 크로울리 혹은 오컬트를 통해 레드 제플린 속에 들어온 사단의 영이 '역사상 가장 유명한 록 음악'이 될 <천국으로 가는..>속에 제플린의 의도와 상관없이 그와 같은 메시지를 집어넣었을 개연성도 추정해 볼 수 있다. 영의 세계에서는 충분히 가능한 일일 수 있다고 본다. (사진은 <천국으로 가는 계단>이 수록된 <레드 제플린 IV(4집)>. 표지에 그룹 이름이나 앨범 타이틀이 없다.)

뇌 연구가 제임스 예롤은 미 캘리포니아 주 의회에서 "어떤 메시지가 비록 거꾸로, 잠재의식(subliminal)적 차원으로 기록(녹음)되었다고 하더라도, 인간의 뇌는 그 메시지를 픽업(pick up)하여

읽고 해석할 수 있는 능력이 있으며 그 메시지는 결국 뇌의 의식 영역에 저장이 될 것"이라고 증언한 바 있다. 이 말대로라면, 그리고 <천국으로 가는..> 속에 실제로 실제 사단을 찬양하는 메시지가 반대 방향으로 녹음이 되어 있다면(의도적이건 아니건), 이 노래를 반복적으로 청취한 사람들의 의식 속에 자동적으로 '사단을 경배한다는 고백'이 기록된다는 말인데, 이는 섬뜩한 이야기가 아닐 수 없다. '천국으로 가는 계단'이라는 제목이 무색해지는 얘기다.

추기 사단 숭배 메시지가 삽입된 혐의를 받고 있는 제플린의 5집 앨범 (사진)의 제목인 'Houses of the holy'가 의미하는 것이 무엇일까? 직역하면 "거룩한 집"이라는 뜻이 되는데, 교회나 성당, 성전 또는 절(church, chapel, temple) 등을 말한다. "예배를 드리는 거룩한 장소"라는 뜻이다. 그러나 여기서 레드 제플린이 복수명사(houses)를 사용하여 말하는 뜻은 그들이 자신들의 공연들에서 경험한 어떤 '영적인 기운'(spiritual aura)을 나타내려 한 것이라고 한다. 제플린의 이 말은 록 컨서트에 대한 중요한 의미를 암시한다. 록 콘서트가 단순한 음악회의 의미를 넘어 영적, 종교적인 그 무엇일 수 있다는 것이다.

현대 사타닉 록에 관한 무게 있는 책인 <혼돈의 신들(Lords of the chaos)>(기독교 진영의 책이 아님)을 쓴 마이클 모이니핸과 디드릭 소덜린드는 록 콘서트를, "고대 이방신에게 드리는 종교적 '제의(祭儀)'가 현대에 와서 야외 페스티벌의 형태로 나타나고 있는 것"으로 해석했다. 그들은 현대의 록 콘서트에서 고대의 제의와 마찬가지로 광범위한 환각제의 사용, '인간의 야수성으로의 회귀'와 같은 현상들이 나타나고 있다고 말한다. 이렇게 볼 때, 록 가수

는 사제(무당)의 역할을 하는 것이고, 관객들은 예배자들이 될 것이다. 록 음악은 '찬양'이 될 것이고.. 그렇다면 누구에게 드리는 예배인가? 우리가 믿는 하나님인가 루시퍼(사단)인가? 기독교는 하나님께 드리는 예배가 아닌 모든 예배는 마귀에게 드려지는 것으로 본다. 음악은 영적으로 볼 때 마법적으로 작동하며 영적인 커뮤니케이션을 이루어내는 놀라운 힘을 가지고 있다. 루시퍼(사단)는 록 음악이라는 자신의 초강력 영적 무기를 가지고 록 가수와 관객 모두에게 영적 일체감과 종교적 엑스타시(신비체험 : 마약, 접신 등을 통해 얻는 황홀경)를 제공하며, 그 모두를 자신과의 영적 교제(예배)로 끌어들이려 하는 것은 아닐까?

성경은 "대저 이방인의 제사하는 것은 귀신에게 하는 것이요. 하나님께 제사하는 것이 아니니 나는 너희가 귀신과 **교제하는** 자가 되기를 원치 아니하노라" (고전 10:20)고 우리에게 말씀하고 있다.

한편, 레드 제플린의 동명 록 넘버 〈Houses of the holy〉의 가사에서 제플린은 "세상은 더욱 빨리 돌아간다. 당신이 환각에 취했을 때 머리가 핑핑 돌아가는가 ? '음악'으로 당신의 주(master 주인)가 되게 하라. 주인의 부르심에 응

답하라. 오, 사탄 그리고 사람.."이라 외친다. 록 음악 자체가 사탄일 수 있다는 말로 해석될 수 있는 바, 환각적 록 음악으로 60년대를 풍미했던 사이키델릭 록 그룹인 제퍼슨 에어플레인의 기타리스트 크레익 차키코가 한 "록 공연장은 교회이고, 모든 음악은 신이다"라는 말을 생각나게 한다. 록 공연과 록 음악에 심취하는 것은 단순한 공연이나 음악 감상의 차원을 넘어선 종교적 제의이거나 영적 행위일 수 있는 것이다.

요한 계시록에 나오는 666에 대해 여러 가지 해석이 있다. 예를 들면 컴퓨터를 의미한다던가..실제 A=6, B=12, C=18 처럼 알파벳을 6의 배수로 전환한 뒤 computer에 이를 적용, 합산해보면 666이 나온다. 이는 주로 세대주의자들의 해석으로 이런 식의 해석은 완전히 틀린 것이다. 666은 암호로써, 적그리스도 세력이었던 로마제국 혹은 도미시안('제2의 네로'로 불렸고, 기독교를 조직적으로 박해한 로마의 폭군)을 가르키고, 예수님 재림 전에 나타날 모든 적그리스도의 세력을 가리킨다. 그리고 중요한 것은 상징적으로 볼 때 666은 불완전한 숫자 6(완전수인 7에서 하나 모자라는 수)이 세 개 모인 것으로서 마귀의 수, 불완전의 수, 인본주의의 수 인 것이다. 777이 하나님의 삼위일체 수라면 666은 마귀의 삼위일체 수다. 마귀는 "언제나 모자라고 실패"하는 것이다. 666은 "실패에 실패에 실패"를 나타내고 있다. 그것은 불완전한 삼위일체다. (박수암. 요한계시록 주석) 마귀가 아무리 큰 권세로 우리를 미혹하고 공격해도 항상 실패(미달)로 끝날 수밖에 없다.

천국으로 가는 계단 Ⅳ
- 피리 부는 자

 록 음악 전문가와 록 애호가들로부터 역사상 최고의 록 음악으로 공인되고 있는 <천국으로 가는 계단>은 멜로디와 가사, 연주와 노래가 그야말로 '완벽한' 조화를 이루어낸 걸작이란 찬사를 받는다. 특히 쉽게 해석되지 않는 환상적 분위기의 은유적 시어(詩語)로 장식된 <천국으로 가는..>의 가사는 이 노래의 신비감을 고조시키는 한편, 이 대작(7분 55초)의 품위와 무게를 더해주고 있다.

천국으로 가는 계단

 지미 페이지의 곡에 로버트 플랜트가 노랫말을 붙인 이 노래의 가사가 '정확히' 무엇을 의미하는지는 명확하지 않다. 자료에 따르면, 이 노래에 등장하는 '천국으로 가는 계단을 사려고 하는 여인'이라는 인물에 대한 발단은 플랜트와 페이지가 '자신이 원하는 것을 모두 구입하려고 하는 어떤 부유한 여인의 탐욕'에 대한 경멸감에서 비롯된 것이라고 한다.

 노래는 이렇게 시작 한다 "반짝이는 건 모두 금이라고 믿는 여인이 있었어요. 그리고 그녀는 천국으로 가는 계단을 사려 했죠"

그러나 이렇게 시작된 가사는 뒤로 가면서 점점 난해하게 진행된다. 그리고 마지막에 다시 "그녀는 천국으로 가는 계단을 사려고 한다"는 가사로 끝이 난다. 뭔가 '의미심장한 진리'를 교훈하는 듯한 이 노래의 내용 중 비교적 난해하지 않은 부분을 조합해 보면 대략 이런 내용이다. "사람들은 돈을 주고 천국(으로 가는 계단)을 살 수 있다고 믿는다. (이 여인처럼) 당신이 갈 수 있는 길은 두 갈래(아마도 천국과 지옥)가 있다. 당신이 어느 한 길을 걷고 있어도 여전히 길을 바꿀 수 있는 시간이 남아있다. 피리 부는 자(piper)가 우리를 인도할 것이다. 천국으로 가는 길(계단)은 살 수 있는 것이 아니라 영혼의 인도함을 받아 발견되는 것이다. 언젠가 모두가 하나가 되고 하나가 전체가 될 때 (When all are one and one is all), 진리가 드러날 것이다." 플랜트는 노래에서 "It makes me wonder(이것-진리-은 나를 너무나 경이롭게 한다)"라는 말을 반복함으로써 사람들이 언젠가는 깨닫게 될 진리를 자신은 이미 발견한 것처럼 말하고 있다.

그러나 이 의미심장해 보이고 난해한 서정시(詩)는 의외로 아주 쉽게, 그리고 아주 '기이하게' 쓰여 졌다. 이 노래는 페이지와 플랜트 두 사람이 벽난로 가에 앉아서 썼다. 로버트 플랜트의 고백이다. "페이지가 곡의 코드를 연주했다. 나는 종이와 펜을 들고 있었는데, 웬일인지 매우 기분이 좋지 않은 상태였다. 그러던 중 갑자기 내 손이 글을 써 내려 가기 시작했다. 난 단지 앉아서, 쓰여지는 글을 바라볼 뿐이었다. 그러다가 마침내 자리에서 벌떡 일어났다..." 노래 가사가 완성된 것은 채 30분도 되지 않은 것으로 알려진다. 이러한 사실 때문인지, 플랜트는 자신이 쓴 이 곡의 의미에 대해 저작자로서 책임 있는 대답을 한 적이 없고 이 곡을 그리 자랑스러워하지 않은 것으로 알려진다.

페이지는 이 곡이 "최고도에 오른 레드 제플린의 재능이 농축된 결정체"라 극찬을 하였지만, 후일 플랜트는 이 곡의 작품성을 폄하하면서 공연에서 연주하지 않으려 했다. 플랜트가 최고의 제플린 곡으로 꼽은 것은 <Kashmir(카쉬미르)>였다. (이곡 역시 이번에 한국 뮤지션들이 선정한 곡에 들어있다.) 이러한 이유는 <천국으로..>를 자신이 쓴 것이 아니라는 생각에서 비롯되었을 확률이 크다. 대중음악에 있어서 이렇게 곡 (특히 명곡)이 어떤 보이지 않는 힘에 의해 자동적으로 쓰여 지는 것을 '자동서자(automatic writing)'라고 한다. 대표적으로 비틀즈의 존 레논과 마이클 잭슨이 자주 이 신비한 '마술적 창작 체험'을 한 것으로 알려져 있다.

기본적으로 <천국으로..> 가사의 고풍(古風)스런 시적 묘사는 로버트 플랜트의 정서와 무관하지는 않다. 플랜트(레드 제플린)는 오랫동안 아일랜드와 북유럽의 전설과 요정에 얽힌 이야기들과 문학에 심취하였고 (톨킨의 '반지의 제왕'을 포함해서), 자신들을 바이킹(이들의 대표작 중 하나인 <Immigrant song>가사 참고)으로 묘사하기도 하는 등 고대의 전설과 신비주의에 많은 관심을 가지고 있었으며, 이를 자신들의 음악에 표현하려 했다. 이렇게 볼 때 <천국으로 ...>의 가사의 분위기는 플랜트(레드 제플린)의 문학적 정서나 관심사와 전혀 무관하지 않다. 그러나, 그럼에도 불구하고 로버트 플랜트의 고백이 사실이라면, 이 노래의 가사는 플랜트의 문학적 정서와 자산을 재료로 하여 어떤 불가사의한 (영적) 존재가 기술한 것이라는 얘기가 된다.

사단과의 거래설

이와 관련하여 레드 제플린의 전설에 곁들여 내려오는 또 하나의 널리 알려진 소문이 있다. 즉 제플린과 사단(마귀)과의 거래설이다. 레드 제플린의 신기(神技)에 가까운 연주 실력과 '경외감'을 불러일으키는 카리스마, 그들의 믿을 수 없을 정도의 단기간 내의 성공, 그리고 그들이 이룩한 거대한 부(富)가 그들이 마귀에게 영혼을 판 대가로 주어진 것이라는 이야기가 그것이다. '마귀와의 거래설'을 뒷받침하는 근거 중 흥미를 끄는 이야기는, 제플린이 20세기 초 블루스 음악의 전설적 인물 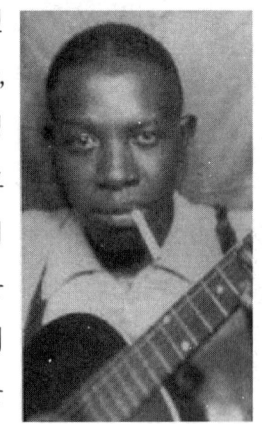 인 '로버트 존슨(Robert Johnson, 1911-1938. 사진)'의 음악에 결정적 영향을 받았다는 사실과 연관되어 있다.

대중음악사에 있어서 '위대한 블루스맨'으로 불리는 존슨은 '델타 블루스 기타의 대가'로 특히 많은 록 기타리스트로부터 존경을 받는 인물이다. 오늘날 '기타의 신'으로 추앙 받는 에릭 클랩튼이 자신이 가장 좋아하는 음악가로 그를 손꼽고 있어 그의 전설은 오늘도 여전히 빛을 발하고 있다. 그런데 존슨에게 '마귀와의 영혼 거래설'이 따라 다닌다. 그가 기타를 잘 치기 위해 악마에게 영혼을 팔았다는 것이다. (이 이야기가 코엔 형제가 2000년에 내놓은 영화 <오 형제여 어디 있는가>에서 묘사되기도 함) 로버트 존슨은 현대 록 음악(로큰롤)의 뿌리가 되는 블루스 음악에 일대 도약을 이루어 낸 천재였으나, 27세의 나이에 애인에 의해 독살당하고 만다.

롤링 스톤스 등 기라성 같은 밴드가 존슨의 영향을 받았으며, 그 중 레드 제플린이 '절대적'인 영향을 받았고 제플린은 존슨의 음악을 계승하여 현대 헤비 메틀 록(나아가서는 블랙 메틀)의 전형(典型)을 만들어 냈다. 위의 사실들과 소문들, 그리고 현대 사탄이즘의 대부 크로울리의 제자를 자처한 지미 페이지의 오컬트에 대한 열광 등을 종합해 볼 때 <천국으로 가는..>의 가사를 – 천국으로 가는 계단을 사려는 여인에 대한 '아이디어'는 플랜트와 페이지의 것이라 하더라도 – 쓴 장본인이 '어두움의 영'일지도 모른다는 의심을 품게 되는 것이 큰 무리는 아닐 것이다.

추기 ✏️ <천국으로...>는 악령의 인도로 작시가 되었을 가능성이 있다. 반대로 역사상 교회의 거룩한 음악들이 성령의 인도하심에 따라 만들어졌다. 헨델은 걸작 <메시아>의 멜로디를 주님이 불러 주신 것이라 했고, 우리 찬송가집에 가장 많은 작품이 실려 있는 찬송가의 여왕 패니 크로스비는 자신의 곡들이 성령의 인도하심에 의해 작시된 것이라 고백한다. 우리의 삶은 성령의 인도하심 하에 있거나, 악령의 지배하에 있거나 둘 중 하나이다. 중간 지대란 존재하지 않는다.

천국으로 가는 계단 V
- 음녀(淫女)의 예술

<천국으로 가는 계단>이 수록된 <레드 제플린 4집> 앨범(LP)의 표지 안 쪽에는 한 노인이 등불을 들고 절벽 위에서 아래를 내려다보고 있는 그림이 있다. 한 자료에 따르면, 6각형 별이 그려진 램프를 들고 있는 이 노인은 드루이드교(영혼의 불멸·윤회·전생을 믿고 죽음의 신을 세계의 주재자로 받드는 고대 켈트족의 종교. 드루이드 사제는 후에 고대 아이슬란드의 문학 중 하나인 사가 가운데서, 또는 기독교 전설 속에서 마술사로 표현되었다)의 현자(賢者) 또는 사제(司祭)라고 한다.

이 그림을 부연 설명해 주는 또 다른 자료가 있다. 레드 제플린이 1973년 7월 미 뉴욕 메디슨 스퀘어 가든에서 가졌던 대규모 콘서트 실황을 담은 기록 영화 <The song remains the same>이 그것이다. 이 공연은 18만 달러에 달하는 수익금 전액을 도난당한 공연으로 유명하기도 한데, 같은 제목의 제플린 라이브 앨범도 있다. 이 영화(국내에도 DVD가 나와 있음)의 공연실황 사이사이에 제플린 멤버 네 사람의 마임(무

언극)이 삽입되어 있는데, 지미 페이지 편에 이 내용이 묘사돼 있다.

공연에서 주술을 행하기도

현자가 등불을 들고 있는 절벽 위를 향해 오르는 사람이 지미 페이지이다. 마침내 절벽 위에 도달해 노인의 얼굴을 들여다보는 순간, 화면은 등불을 든 현자가 바로 지미 페이지의 늙은 모습임을 밝혀준다. 다분히 신비스러운 마술적 내용이다.(영화 속 현자는 신비한 마술봉을 휘두른다.)

또한 이 라이브 콘서트에서 지미 페이지는 연주 도중, 이상한 행동을 하고 있다. 일렉트릭 기타를 현악기 용 활로 연주하는 것

은 지미 페이지의 독특한 연주법이기도 한데, 열정적으로 기타를 켜던 페이지가 돌연 연주를 멈추고 활을 들어 차례대로 어떤 방향을 가리킨다. 이 광경은 결코 연주의 한 부분이라고 볼 수 없는 분명한 '마술적 행위'로 읽힌다. 수많은 사람들이 운집한 대규모 공연 무대에서 마법(occult, sorcery)을 행하고 있는 것이다. - 이 주술 행위가 정확히 무엇을 의미하는지 알 수 없으나, 이를 고대종교에서 지역 신(귀신)을 불러내는 의식(儀式 ritual)으로 보는 해석이 있다 - 지미 페이지는 그의 생활은 물론 사실상 자신이 지휘하는 밴드인 레드 제플린의 음반, 공

연 등에 있어서도 오컬트(마술)의 깊은 세계와 연관을 맺고 이와 관련한 영적 행위를 추구하고 있었던 것이다.

미국의 도로시 리텔락은 레드 제플린의 음악에 관한 주목할 만한 연구 결과를 내놓고 있다. 그녀의 실험은 덴버의 템플 부엘 대학의 생물학 교수의 지휘 아래 이루어 진 것이다. 리텔락은 레드 제플린의 음악을 들려주었을 때 약 4주 만에 식물이 죽는다는 사실을 발견했다. 여러 차례 실험을 하였지만, 어떤 식물도 4주 이상을 버티지 못했다고 한다. 하루에 3시간씩 레드 제플린의 음악을 들려주었을 때 10일이 지나자 식물의 줄기가 스피커로부터 멀리 벗어나기 시작했으며, 3주가 지나자 식물의 수액이 말라 죽기 시작했다고 한다. 죽은 식물의 줄기는 축 늘어지고 음악이 들리는 반대 방향으로 뻗어 있었다고 한다.

음녀의 예술

레드 제플린을 포함해 록 음악과 조용한 세미클래식 음악 등이 식물에 끼치는 영향에 대해 연구한 리텔락은, 만일 록 음악이 식물에 대해 이런 부정적인 영향을 끼친다면, 록이 이 음악에 열광하는 젊은이들의 심성을 "불규칙적이고(변덕스럽고) 혼란스럽게 만들수 있을 것"이라고 말했다. 이는 "(특정한) 록 음악이 사람의 스트레스와 분노심을 증대시키고, 활력을 감소시키며, 근육의 힘을 약화시켜 특히 성장기의 청소년(청년)들에게 유해한 영향을 끼칠 수 있다"(뉴욕 존 다이아몬드 박사[의사] 외)는 록 음악의 유해성에 관한 수많은 주장들과 맥을 같이 하고 있다. 그러나 레드 제플린 음악이 식물을 죽게 만든 힘은 단순히 록 음악의 요란한 사운드에서 비롯된 것일까 ? 앞서 언급한 오컬트의 어두운 영의 세계와는 전혀 무관한 것일까 ?

필자는 위에 열거한 레드 제플린과 <천국으로 가는..>에 관한 오컬트, 백 매스킹, 식물실험 등 여러 가지 문제보다도, 어떤 면에서 영적으로 가장 위험할 수 있는 것이 바로 이들 음악 특히 <천국으로 가는..>이 주는 '황홀감'과 레드 제플린(특히 지미 페이지)이 풍기는 일종의 '경외감'을 불러일으키는 영적 분위기 즉 '아우라(aura)'라고 본다. 레드 제플린은 강력한 카리스마와 음악적 재능과 기술을 발휘하여 록 음악을 천박한 젊은이들이 즐기는 소란스런 음악이라는 이미지로부터 의미심장하고 고상한 그 무엇으로 지위를 격상시키고, 수많은 록 마니아와 추종자들을 만들어 냈다.

그들은 록 음악이 얼마나 훌륭할 수 있는가, 얼마나 황홀한 세계로 사람을 이끌고 갈 수 있는가를 보여 주었다. 특히 <천국으로 가는 계단>을 통하여. 록 음악이 음주나 섹스나 마약 체험에 못지않은, 혹은 그 이상의 엑스타시(무아경, 황홀경)를 제공해 줄 수 있다는 사실을 가장 적나라하게 보여 주었다. 또한 록 밴드라는 존재는 일반 대중가수가 누리는 '인기'라는 하찮은(!) 차원을 넘어 '존경과 경외와 숭배'의 대상이어야 한다는 사실을 록 애호가들에게 가르쳤다. 그들은 인간이 과거에 경험하지 못 했던 록 음악의 황홀한 신세계를 열어 주었으며, 60년대에 출발한 '록'이라는 거대한 '신흥 종교'의 '진면목'을 펼쳐 보인 것이다. 레드 제플린으로 인해 드디어 록과 록 스타가 '20세기 신(god)'의 반열에 오르게 된 것이다. 바로 이곳이 우리 그리스도인에게 "록 음악이 제공하는 황홀경이 하나님이 인간에게 주시는 것인가, 아니면 음녀(사단)가 주는 것인가? 또 록 음악과 록 가수에 대한 열광과 추종이 하나님을 모독하는 우상숭배 행위가 아닌가?"라는 물음이 반드시 필요한 지점인 것이다.

천국으로 가는 계단 VI
- 보이지 않는 전쟁

기독교 일각에서는 레드 제플린의 대표작 <천국으로 가는 계단>이 가사에 있어서도 사람들을 어둠의 세계로 미혹하는 위험한 노래라는 주장이 꾸준히 제기되어 왔다. 다음이 문제가 되고 있는 부분. "당신이 갈 수 있는 두 갈래의 길이 있다. 그러나 종국에 여전히 당신이 가고 있는 길을 바꿀 수 있는 시간이 있다 "Yes, there are two paths you can go by, but in the long run there's still time to change the road you're on" (이 부분은 백워드 매스킹 얘기가 가장 많이 나오는 부분이기도 한데, 이 부분을 거꾸로 돌렸을 때 "나의 사랑하는 사탄에게 (이 노래를) 바친다 - Here's to my sweet satan - " 혹은 이와 비슷한 말이 나온다.)

이 가사가 위험한 것은, "우리가 하나님을 떠난 길을 걷고 있다고 하더라도 나중에 언제라도 길을 바꾸어 하나님께로 돌아올 수 있는 여유가 있다"는 마귀의 교활한 거짓말을 대변하고 있기 때문이라는 것이다. 기독교인으로서 충분히 공감이 가는 얘기다. 지금은 자기 하고 싶은 대로 살다가 '나중에 천천히 하나님을 믿으면 된다'는 말은 마귀의 오래된 '고전적 거짓말'이고 사람들이 가장 잘 속아 넘어가는 말이기 때문이다. 지옥으로 가는 길은 그럴듯한 선한 것들과 기분 좋은 것들로 깔려있기에, 개심을 하려고 마음먹고 있으면서도 결국 길을 바꾸지 못하고 영원한 지옥으로 떨어져 나가는 사람들이 오늘도 수도 없이 많다는 것은 엄연한 사실이다. 그러기에 성경은 우리에게 바로 "지금이 구원의 날이요 은혜 받을 때(고후 6:2)"라고 말하고 있는 것이다. 우리의 인생에 있어서 마지막에 가서도 길을 바꿀 수 있다며, 회심의 결단을 늦추도록 하는 것처럼 교활한 유혹은 없다.

피리 부는 자

이 노래가 사람들 특히 청소년과 젊은이들을 어둠의 세계로 이끄는 노래라는 주장이 제시하는 또 다른 근거는 이 노래에 등장하는 '피리부는 자(piper)'와 연관이 되어 있다. 이 노래의 전주가 피리 소리(와 기타)로 시작되고 있으며, 가사 중에 "피리 부는 자가 이유를 알려 줄 것- Then the piper will lead us to reason"이라는 대목이 나온다. 이 주장은 이 노래의 피리 부는 자를 유명한 독일 하멜른의 동화(전설 혹은 실화)에 나오는 '피리 부는 사나이'와 연관시키고 있다. 마을의 쥐를 잡기 위해 고용된 피리 부는 사나이가 마을로부터 약속한 보수를 받지 못하자, 어느 날 모든 마을의 아이들을 아무도 몰래 어딘가로 데리고 갔듯, 사단이 이 노래를 통해 청소년과 젊은이들을 미혹해 은밀한 '어둠의 세계'로 끌고 간다는 것이다.

한편, 이 피리 부는 자를 그리스 신화에 등장하는 '팬'(Pan : 허리 위쪽은 사람이고 염소 다리와 뿔을 가진 목신(牧神)으로 해석한 견해도 있다. - 팬은 춤과 음악을 좋아하는 신으로 흥미 있는 것은, 공포를 뜻하는 패닉(panic)이라는 말이 이 신에게서 유래했다 - 이는 지미 페이지와 로버트 플랜트 등 레드 제플린의 멤버를 반신반인(半神半人 demigod)의 위치에 오른 록 세계의 '신화(神話)적 인물'들이라 하였을 때, 이들을 현대판 '팬'으로 보려한 것으로 의미가 전혀 없어 보이지는 않는다. 또한, 어떤 이는 <천국으로 가는...>이 30년을 넘어서도 여전히 사람들을 사로잡고 있는 이유에 대해, 이 노래가 '사단이 특별히 기름을 부은 노래'이기 때문이라고 말하기도 한다. 사단이 세대를 이어가며 이 노래를 사용해 수많은 사람들을 '어둠의 길'로 미혹하고 있다는 것이다.

보이지 않는 전쟁

아무튼, 이러한 많은 주장과 해석들은, '이 세상 임금(요 12:31)'인 사단이 자신이 부리는 귀신들을 동원하여 오늘도 사람의 영혼을 지옥으로 끌고 들어가기 위해 모든 교활하고 악랄한 수단을 동원하고 있으며, 지금도 한 사람의 영혼을 두고 벌어지는 치열하고 무시무시한 싸움 - 이것은 보이지 않는 전쟁(invisible war)으로 불신자는 결코 알 수 없다! - 이 있다는 사실을 분명히 믿는 기독교의 입장에서 볼 때 결코 무시할 수는 없다고 본다.

필자는 청소년기에 레드 제플린(Whole lotta love, Black dog,..)

을 처음 들었을 때의 기분을 지금도 생생히 기억하고 있다. 그들의 음악은 (특히 스케일 면에서) 분명 기존 로큰롤의 스타일을 뛰어 넘는 것이었고, 특히 <천국으로 가는..>이 주는 몽환적 황홀감과 신비감은 당시 필자가 최고라고 생각했던 비틀즈의 그것을 능가하는 일면이 있었다. 많은 아마추어 기타 연주자처럼 필

자 역시 이 곡의 전주 부분을 프로급 친구에게 배워서 오랫동안 즐겨 연주하였다. 잘 치지도 못하는 기타를 잡으면, 나도 '모르게' 이 부분을 연주하곤 했는데, 오래 전부터 하지 않는다. 제플린에 관한 이 글을 쓰는 동안 간간이 <천국으로...>의 후반 지미 페이지의 황홀한 기타 연주가 상기됐다. 필자는 개인적으로 이 노래가 '술 취함'과 마찬가지로 그리스도인의 신앙심을 약화시키고 사람들을 교회로부터 멀어지게 하는 '록이라는 거대한 반 기독교적 문화'를 대표하는 상징적인 곡이라는 생각을 한다. 필자는 음반사에 근무할 때 레드 제플린 음반이 소속된 레이블을 다루면서, 이들의 음반을 한국 시장에 판매하는 일도 하였는데, 그 당시는 교회에 다니면서도 이 음반이 가진 영적인 문제를 깨닫지 못했었다. 아무도 이야기 해주지 않았고, 영안(영적인 눈)이 가리워져 있었기 때문이다.

"술 취하지 말라 이는 방탕한 것이니 오직 성령의 충만을 받으라" - 엡 5 : 18

이교의 제의

"세계에서 가장 위대한 로큰롤 밴드 (The greatest rock&roll band in the world)"로 불리는 롤링 스톤스는 40년이 넘는 밴드 활동과 40장이 넘는 앨범, 그리고 그 어느 록 그룹보다도 많은

관중을 동원하는, 록 역사상 최고의 실력을 자랑하는 최장수 로큰롤 그룹이다. 2006년 2월 국내 일간지 1면에 이례적으로 이들의 공연 사진이 실렸다. 브라질 코파카바나 해변에서 열린 공연으로 무려 120만 명의 인파가 운집한 초대형 콘서트 광경이었다. 한국에서는 그 명성에도 불구하고 롤링 스톤스의 대중적 인기가 이웃 일본이나 서구에 비해 상대적으로 많이 낮기 때문에 롤링 스톤스는 아직 한 번도 내한 공연을 가지지 않았다. 공연 사진을 접하면서 오래 전 해외에서 봤던 이들 공연이 생각났다.

짐승의 인형

90년대 초 여름으로 기억한다. 근무하던 다국적 음반사의 회의 참석차 스페인 마드리드에 머무르고 있던 필자는 동료들부터 현

지에서 롤링 스톤스 콘서트가 열리고 있다는 소식을 들었다. 롤링 스톤스는 한 때 필자가 다니던 회사의 레이블 중 하나에서 음반을 발매하기도 했지만, 당시는 아니었다. 누군가가 표를 구해왔고 아시아에서 온 다른 동료들 몇과 공연장으로 향했다. 롤링 스톤스의 공연을 보는 것은 레코드 회사에 몸담고 있는 우리로서도 흥분되는 일이 아닐 수 없었다. 그들은 비틀즈와 함께 쌍벽을 이루는 '로큰롤의 살아있는 신화이자 전설'이기 때문이었다. (그리고 필자 역시 청소년기에 비틀즈와는 또 다른 롤링 스톤스의 '맛'에 심취했던 수많은 사람 중 하나였다.) 수많은 남녀 관객이 빽빽이 들어찬 거대한 경기장에 들어서자 제일 먼저 나의 눈을 사로잡은 것은 무대의 양 편에 설치된 대형 인형들이었다. 왼쪽에는 거대한 풍선으로 만든 반라의 섹시한(가슴이 몹시도 큰) 여인의 인형이 다리를 꼰 채 요염한 자태를 뽐내고 있었고, 반대쪽에는 비슷한 크기의 거대한 개(짐승)의 풍선 인형이 다리를 벌린 채 매달려 있었다.

이교의 제의

이윽고 만년 '악동(惡童)'으로 불리는 롤링 스톤스의 보컬 믹 재거(Mick Jagger)가 무대 위에 나타나 흥겨운 반주에 맞추어 이들의 대표곡 <Satisfaction>을 부르기 시작했다. "나는 만족할 수 없어..나는 만족할 수 없어..." 둘러보니 모두가 마약에 취했는지 술을 취했는지 해롱거리는 눈동자로 "I can't get no satisfaction"을 따라 부르고 있었다. 이윽고 믹 재거가 무대 위에 설치된 엘리베이터를 타고 올라가 다리를 벌리고 있는 짐승(인형)의 발갛게 달아오른 모양의 '그 것'을 막대기로 때리기 시작하자 온 경기장은 노도와 같은 환호와 함께 광란의 도가니로 빠져 들기 시작했다. 점차 공연이 계속되면서 현기증이 찾아왔다. 웬만한 콘서트에 이력이 난 나였지만, 어지러움은 점점 심해지기 시작했다. 급기야 몸이 싸늘해지며 얼굴이 새하얗게 질리는(비록 볼 수는 없었지만) 느낌이 몰려왔다.

　그 때 나는 속으로 중얼거렸다. "이것은 공연이 아니다, 이건 콘서트가 아니다. 이건 거대한 '이교(異敎)의 제의(祭儀)'다, 이건 사단의 예배다…" 동료들을 뒤로 한 채 쫓기 듯 공연장을 빠져 나오는데 입구에는 롤

링 스톤스의 트레이드마크인 길게 내민 '빨간 혀(일명 악마의 혀)'가 수북이 쌓인 티셔츠들 속에서 나를 향해 깔깔 거리고 있었다. 이 사건 후 내 안에, 내가 어릴 적부터 열광하던 로큰롤과 록, 그리고 팝 음악에 대한 새로운 시각이 싹트기 시작했다. 문제가 있다는 생각을 하게 된 것이다.

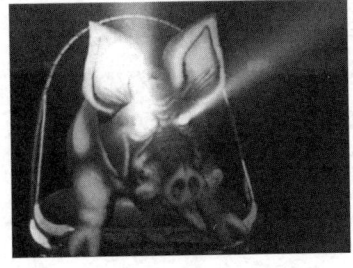

전설적 사이키델릭(환각적) 록 밴드 핑크 플로이드(Pink Floyd) 공연 무대에도 '짐승'이 등장한다. 레이저를 위시한 첨단 조명기술이 동원돼 초환상적인 분위기를 연출하는 이들 공연(pulse)에 돼지 인형이 등장한다. 무대 양 편에 설치된 험한 인상의 돼지가 머리를 흔들거리며 연신 눈에서 광선을 내뿜는다. 비디오로 이 광경을 보면서 떠오른 것이

'sound of the beast(짐승의 소리)'라는 말이다. 헤비 메틀 록의 역사를 다룬 책의 제목이다. 저자는 헤비 메틀 록 사운드가 거친 야수의 포효하는 소리 같다는 의미로 이 제목을 붙였겠지만, 필자에게는 록 음악이 짐승(마귀)의 음악이라는 말로 들렸다. 성경에서 '짐승(The Beast)'은 적그리스도의 또 다른 이름이다. 록 콘서트의 진정한 주인공은 인간이 아닐지도 모른다.

롤링 스톤스가 로고로 사용하고 있는 '내민 혓바닥'은 가네스 칼링이란 사람의 불구가 된 혀를 보고 따라한 것이라고 한다. 록 그룹 키스(KISS) 역시 길게 내민 혀를 트레이드마크처럼 사용해 왔다. (근래 악마적이고 음란한 이미지로 명성을 떨쳤던 키스의 리더 진 시몬스가 나이 어린 청소년들을 훈련시켜 록 밴드로 키우는 다큐 드라마 '록 스쿨'로 인기를 끌고 있다. 마귀의 장난이다)

여기서 한 가지. 실제 사단과의 접촉한 사람들의 경험을 토대로 그려진 사단의 모습에 사단은 혓바닥을 내밀고 있다고 한다. 또한 '무질서와 살육 그리고 파괴의 신'인 힌두교의 여신 칼리(Kali)는 사람의 목을 위시한 여러 가지 장신구를 두르고 혓바닥을 내밀고 있다. 록 음악의 세계에서는 반항심을 동작으로 표현할 때 가운데 손가락을 내미는 것 다음으로 혓바닥 내밀기가 가장 많이 사용되는데, 이 동작이 단순한 반항의 표시를 넘어 악마적 행위가 될 수 있다는 것이다.

지옥의 천사

롤링 스톤스의 공연과 관련하여 록 역사에 기록되고 있는 아주 '유명한 사건'이 있다. 1969년 12월 미 캘리포니아의 앨타몬트 자동차 경주장에서 열린 록 페스티발에서 일어난 사건이 그 것이다. '앨타몬트 록 페스티벌'로 불리는 이 공연은 같은 해 8월 열렸던 사상 최대 규모(45만명)의 록 콘서트인 '우드스탁 록 페스티벌'의 분위기를 재현해 보려는 의도로 롤링 스톤스가 기획한 것이었다. 약 30만 명의 히피들이 모인 이 페스티벌에서 유혈극이 빚어졌다.

롤링 스톤스의 공연 중 스톤스의 경호 역을 맡은 오토바이 폭주족 '지옥의 천사(Hell's bells)' 대원이 관객을 칼로 찔러 죽이는 사건이 일어난 것이다. (앨타몬트 페스티벌과 이 유혈극을 담은 다큐멘터리 <Gimme Shelter>가 국내에 DVD로 출시되어 있다.) 이 콘서트에서는 마약으로 3명이 숨지고 폭력이 난무하는 사건 사고가 잇따랐다. 요사이는 록 공연에서 사람이 숨지는 것이 더이상 큰 뉴스가 되지 못하지만, 당시에는 이른바 '사랑과 평화'를 기치로 내건 이런 히피들의 록 콘서트에서 유혈 사태가 일어난 것이 커다란 사회적 이슈가 되었다.

지옥의 천사

유혈극이 일어날 당시 상황이 눈길을 끈다. 자료에 따르면, 이 사람은 롤링 스톤스가 <악마에게 동정을(Sympathy for the devil)>이란 노래를 부르기 시작할 때, 이 노래에 대해 무언가 격한 항의를 하며 무대 앞쪽으로 나오다가 참변을 당했다. 이 노래는 스톤스의 대표곡 중 빼 놓을 수 없는 곡으로, 제목에서 알 수 있듯 마귀를 옹호하는 유명한 '사단 찬가'이다. 하필 이 노래를 연주할 때 살인이 일어났다는 점, 그리고 살인을 저지른 단체의 이름이 '지옥의 천사'라는 점 등이 예사롭지 않은데, 사단의 역사를 강하게 의심케 한다. 재거는 사건이 터지자 "항상 이 노래를 할 때는 이런 일이 일어나죠.."라고 말 했고, 사람이 죽은 후에도 콘서트는 계속됐다.

롤링 스톤스는 1963년 밴드를 시작할 때부터 시종일관 무례하고 반항적인 '악동' 이미지로 일관하였다. 그들의 많은 노래들은 섹스와 폭동, 마약과 퇴폐, 그리고 거기에 하나 더, '악마주의(사탄이즘)'와 연관되어 있다. 이들은 <악마에게 동정을> 외에도 앨범 <Their Satanic majesties request>와 히트작 <Time is on my side>, <Dancing with D> 등 여러 곳에서 악마주의적 메시지를 노골적 혹은 은유적으로 드러낸다. 그들의 마귀관(악마에 대한 인식)은 기독교를 조롱하거나 적대하는 강한 반 기독교성을 띤다. 그들은 마귀를 시종 '희화적'으로 묘사하면서 마귀의 존재를 '인간의 본성에 내재하는 어두운 심성' 쯤으로 격하한다. 기독교가 말하는 마귀는 허구적이며 두려워 할 필요가 없다는 것이다.

성경에 대한 지식도 만만치 않은 그들(주로 노래를 만드는 믹 재거와 키스 리처즈)의 이러한 기독교에 대한 조롱과 공격은 다분히 '지능적'이고 끈질기다. 이들은 때로 노래 속에 성경과 성경의 인물을 인용하면서, 기독교를 인간의 본성과 욕망을 억압하는 '파시즘적 종교'라 역설한다. (이는 악마주의 밴드 '마릴린 맨슨'의 기독교에 대한 적개심과 비슷한 것으로, 롤링 스톤스는 맨슨에 비해 상대적으로 다소 온건하고 우회적 방식으로 기독교를 공격하고 있을 뿐이다.) 롤링 스톤스의 많은 노래들은 "사람은 자신이 즐기고 싶은 것을 즐기고 사는 게 최선"이라는 '쾌락주의'와 '인본주의'에 기초하고 있으며 이것은 바로 '악마주의'의 본질에 다름 아닌 것이다.

Voodoo와 오컬트

롤링 스톤스가 '악마주의'를 음반 판매와 공연 수익을 올리는 마케팅의 주요 수단으로 활용해 온 측면이 강하지만(믹 재거는 런던대 경영학과를 나온 엘리트이며 돈벌이의 귀재이다. 물론 음악적 재능도 탁월하다.) 어쨌거나 이들은 자신들의 음악과 공연에

마귀의 존재를 깊숙이 끌어 들이고 있다. 그 어느 록 밴드 보다도 전통적 흑인 블루스에 강한 음악적 뿌리를 두고 있는 이들은, 음악 속에 아프리카 원시 종교인 부두(Voodoo)교의 주술적 리듬이나 종교 의식과 관련한 사운드나 이미지를 즐겨 도입 한다.

또한 실제, 약물 과용으로 사망한 롤링 스톤스의 전 멤버 브라이언 존스와 키스 리처즈, 그리고 그의 처 애니타는 오컬트(마술)에 오랫동안 심취한 것으로 알려져 있으며 믹 재거와 리처즈는 악마주의의 대부 알레이스터 크로울리의 수제자로 알려진 영화감독 케네스 앵거('천국으로 가는 계단' 글 참조)와 한 때 절친한 사이였다. 믹 재거는 앵거의 유명한 악마주의 인디(indie) 영화 <Lucifer Rising(루시퍼 라이징)>(루시퍼=사탄)의 주연을 맡았으며, 역시 앵거의 영화 <Invocation of My Demon Brother> (이 영화는 현대 악마주의 필름의 주요작 중 하나이며, 영화 속 사단 역을 사단교회를 설립한 앤튼 래비가 맡음)의 사운드 트랙에 참여하기도 했다.

가는 곳 마다 수십 만, 때로는 100만이 넘는 인파를 동원해 내며 지칠 줄 모르는 노익장(그들은 이미 환갑을 넘겼고, 재거와 리처즈는 그쪽 나이로 63세이다)을 과시하고 있는 롤링 스톤스의 에너지는 과연 어디에서 나오는 것일까? 초대형 무대를 좌우로

질주하며 쉴 새 없이 록 넘버를 토해내는 60대 노인인 믹 재거와 롤링 스톤스의 청년을 방불케 하는 저 가공할 파워와 에너지의 원천은 과연 무엇인가? 그것이 혹, 우주의 거대한 '어둠의 힘'을 손아귀에 쥐고 있는 사단으로부터 온 것은 아닐까? '세상에서 가장 위대한 로큰롤 밴드'로 칭송되는 록 밴드가 수십 년 동안 사단의 조종을 받으며 '사단의 충성스런 제자' 역할을 수행하고 있을 확률은, 기독교의 눈으로 볼 때 결코 작지 않다.

록 음악과 기독교

팝·록의 역사를 이야기 할 때 음악 전문가들은 한결 같이 미국의 60년대를 매우 특별한 시기로 분류한다. 1950년대에 탄생한 로큰롤이 1960년대에 이른바 '록의 르네상스'라 일컫는 일대 부흥기를 맞이하였기 때문이다. 60년대는 미국에 있어서 세대 간의

갈등과 인종문제, 월남전과 반전시위, 히피와 마약문화 등 숱한 문제와 사건으로 점철된 혼돈과 갈등의 시기였다. 이러한 정치·사회적 토양 위에 기성의 가치관과 지배문화와 관습에 반발하는 대항문화(對抗文化 counterculture)가 화려한 꽃을 피웠고 그 중심에 록 음악이 있었다.

록 음악은 모든 기성체제와 기존질서에 반발하는 반체제문화의 선두에 서서 1960년대 일대 도약을 이루어낸다. 한국의 90년대는 미국의 60년대와 닮은 점이 많다. 적어도 필자가 보기에는 상당히 유사하다. 급격한 정치 사회적 변화 속에서 다양한 계층의 욕구가 끊임없이 표출되는 가운데 나타난 혼란과 갈등과 투쟁의 양상이 그렇고, 특히 반체제 문화인 록 음악의 부흥이 그렇다.

한국 록의 부흥

90년대에 본격 시작된 한국 록의 부흥은 세기가 바뀐 후에도 여전히 지속되고 있다. 현재 한국은 일본과 함께 아시아의 록 강대국이다. 록 문화에 관해 일본보다 후발이지만, 근래에는 오히려 한국이 앞선 측면이 있다. 타의 추종을 불허하는 쾌속의 한국 인터넷 문화는 록의 저변 확대와 대중화에 결정적 역할을 했다. 록에 관한 다양한 정보와 단기간에 전문 지식을 습득할 수 있는 록 사이트들을 통해 록 팬과 록 마니아가 대거 양산됐다. 국제 규모의 대형 록 페스티벌이 잠실에서 연례행사로 열리고 있으며, 세계의 내로라하는 록 밴드들은 열광적 공연 매너를 자랑하는 한국을 공연 개최지의 우선 순위에 올리고 있다.

국내 유수의 여론조사 기관이 2005년에 발표한 자료에 따르면 이미 해산한 일본의 록 밴드 엑스 재팬(X Japan)이 한국에서는 여전히 건재한 채로 한국인이 좋아하는 일본 연예인 1위로 선정되고 있다. 또 남성적 마초  문화를 상징하는 록이지만 한국은 열성적 여성 록 팬들이 많기로 유명하다. 엑스 재팬과 같은 비주얼 록은 물론 헤비 메틀이나 하드코어 계열의 과격한 록 쪽에도 여성 팬이 의외로 많다. 나아가 어린 청소년 록 팬도 꾸준히 늘고 있는데, 이는 록 문화가 세대와 성별을 불문하고 한국에서 전방위적으로 그 위력을 발휘하고 있음을 보여준다. 한국은 지금 분명 록의 전성기를 구가하고 있다.

교회에 부는 록 바람

한국에 불고 있는 강한 록 바람의 이면에는 근래 우리의 정치, 사회, 문화, 종교의 다양한 요소들이 복합적으로 작용하고 있다. 대중문화는 시대정신의 산물이요, 대중음악은 바로 그 농축물이기 때문이다. 특히 근래 한국 사회의 정치적 환경 변화는 록 음악의 부흥에 적지 않은 영향을 끼쳤다. 록 음악은 모든 음악 중에서 가장 정치성이 강한 음악으로 태생적으로 좌파적이며 그 지향성 또한 좌파적이다. 따라서 90년대 이후 한국에서의 좌파의 득세는 자연스럽게 록 음악의 약진으로 이어졌고 이른바 좌파 경향 문화운동가들의 목소리가 커지는 것에 비례해 록 음악의 볼륨도 커졌다.

또 한국 사회의 여러 가지 현상들을 파헤쳐보면 한국의 고질적 교육·사회 문제에 뿌리를 대고 있는 수가 많다. 록 음악도 예외가 아니다. 대학입시를 향한 치열한 경쟁 구조의 교육 환경과 무한 경쟁의 사회 현실 속에서 록 음악이 긴장 완화를 위한 하나의 탈출구 역할을 하고 있는 것이 사실이다. 한국사회의 페미니즘과 개방적 성(性)문화의 확산과 안티 기독교 세력의 증가도 록의 확산에 한 몫을 하고 있다. 록의 이념과 부합하는 측면이 강하기 때문이다.

록 음악의 영향력은 교회에도 미치고 있다. 한국 크리스천 젊은이들 가운데 록 음악 마니아가 늘어나고 있으며 록 팬의 저변도 만만치 않은 것으로 보인다. 록 음악을 기독교와 접목시킨 'CCM록'의 증가세도 현저하다. 그러나 근래 교회와 록 음악 사이의 이러한 친화적 분위기에도 불구하고, 교회는 오래전부터 록

음악에 대한 비판적 입장을 견지해 왔다. 50년대 로큰롤 탄생과 함께 미국에서 시작한 기독교의 록 비판 및 반대 운동은, 지난 60년대와 70년대의 록 음악 확산과 본격 록(하드록, 헤비 메틀)의 등장 이후 절정을 이루며, 지난 50여 년 간 끊임없이 계속돼 왔다.

복음주의 진영의 기독교는 근본적으로 록 음악과 문화를 기독교적 가치에 대항하는 반 기독교적 문화로 규정한다. 미국을 비롯한 서구 기독교가 세속화하는 과정에서, 또 자유주의신학 진영에서 록을 옹호하는 주장이 나오고 있는 것도 사실이나, 이 음악에 대한 교회의 기본 인식은 크게 달라진 것이 없다. 록의 전성

시대를 맞이한 한국에서도 교회가 이 문화에 대해 어떤 자세를 취해야 할지 다시 한 번 진지하게 고민해봐야 할 것이다.

- 록 음악 철학 (Rock philosophy)과 록의 부정적 영향 -
1. 무정부주의 2. 허무주의 3. 즉각적 욕구충족
4. 반항(rebellion) 5. 신비주의, 초현실주의, 비현실주의
6. 환각, 마취효과 7. 성적 쾌락(성감의 고조)
8. free sex 9. 술과 마약 찬양 10. 게으름
11. 무력감, 무기력, 절망 12. 조울증
13. 악마주의(satanism)   (인용자료)

3 뉴 에이지 음악

웰빙과 뉴 에이지 명상음악

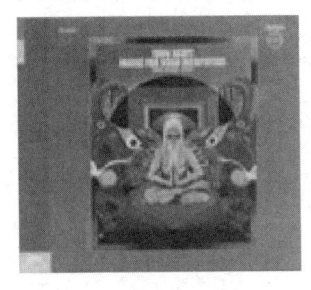

근래 한국 뉴 에이지 음악 시장에 변화의 조짐이 엿보인다. 국내 뉴 에이지 음악은 지난 80년대의 조지 윈스턴을 시발로, 데이빗 란츠, 앙드레 가뇽, 유키 구라모토, 케빈 컨, 이루마 등으로 이어지는 서정풍의 어쿠스틱 피아노 연주와 야니, 시크릿 가든, 엔야 등 세계적 지명도가 있는 스타급 뉴 에이지 아티스트들이 주류를 형성해 왔으나 최근 이들 외에 다양한 형태의 뉴 에이지 음악이 뉴 에이지 음악 시장의 지분을 확대해 나가고 있다.

그 중 두드러지는 게 명상, 치유 관련 뉴 에이지 음악이다. '정신과 신체의 조화를 통한 건강한 삶'을 모토로, 요가와 명상을 필수 항목으로 채택하고 있는 이른바 '웰 빙 문화'의 영향으로도 볼 수 있는 이러한 변화는, 한국의 뉴 에이지 음악 소비가 이제 하나의 새로운 분기점에 도달했음을 보여주는 것이라 할 수 있다. 즉 그간 한국 뉴 에이지 음악 시장에서 다분히 낭만적 분위기의 '감상용 음악'이 주를 이루어 왔다면, 이제 명상과 치유 등 실용성이 강조된 '기능성 음악'이 하나의 분명한 세력을 형성하는 새로운 시점에 도달했다는 것이다. 즉 감미롭고 서정적인 음악을 통한 정서 순화와 휴식이라는 소극적 목적을 넘어 뉴 에이지 음악을 자신의 정신 수련과 건강 증진, 자기 계발 또는 종교적 목적 등에 적극적으로 활용하려는 인구가 늘어나고 있는 상황이라는 것이다. 이는 뉴 에이지 음악이 그간의 다분히 상업적이고 대중적이며 획일적인 기존 틀을 벗어나, 다양한 소수 애호가를 위한 비상업적, 비대중적, 비획일적 음악으로 변신을 꾀하고 있는 것으로 풀이할 수 있다. 이는 그간 한국시장에서 그 본래의 목적과 정신을 상당 부분 상실하거나 훼손당한 뉴 에이지 음악이 바야흐로 자신의 본성을 드러내며 목소리를 높이기 시작한 것이라고 볼 수 있다. '뉴 에이지 음악의 반란'이 시작된 것이다.

본격 뉴 에이지 음악의 증가

온라인 문화 등의 영향으로 극심한 불황을 겪고 있는 세계 음반업계도 주로 마이너 레이블을 통해 생산되는 명상용 뉴 에이지 음악만큼은 크게 위축을 보이지 않는다. 제작 비용이 저렴하고 전 세계적 수요도 크게 떨어지지 않고 있기 때문이다. 힌두교와 불교 등 동양종교와 사상, 문화와 예술을 근간으로 하고 있는 뉴 에이지 명상음악은 과거 서구 중심에서 벗어나 근래에는 연주와 기획이 아예 동양 중심으로 바뀌고 인도, 대만 등 아시아 현지 제작도 늘어나는 경향을 보인다. 뉴 에이지 음악의 순도(純度)를 높이려는 흐름이다. 현재 국내에 다양한 경로를 통해 들어오고 있는 뉴 에이지 명상음악 음반의 종류는 수백 종이 넘는 것으로 추측된다. 일반 음반 유통 외에 뉴에이지 전문업체 등을 통해 공급되고 있다.

대표적 뉴 에이지 전문그룹 윈덤힐 (Windham Hill)이 내놓은 <Yoga Zone>은 윌리엄 애커맨, 쉐도우팩스, 야니 등 그룹 산하의 대표 뉴 에이지 아티스트들의 연주를 모은 명상음악
모음집이다. 음반은, 마음(mind)과 몸(body)과 영혼(spirit)의 균형과 조화를 통한 치유와 원기 회복을 얻는 신비하고 강력한 힘으로서 자신들의 음악을 선전하고 있다. 이 음반은 상당히 상업적이고 대중적인 분위기를 띠고 있지만 "무제한의 사랑과 무한대의 의식에 자신을 침잠시키라(HARI-OM TAT SAT)"라는 요가의 교훈을 음반에 삽입함으로써 이 음반이 힌두의 요가 명상의 정통에 잇대어 있음을 내비치고 있다.

요가 명상음악

국내에서 '마음을 열어주는 101가지 이야기' 시리즈로 잘 알려진 잭 캔필드가 참여하고 있는 <영혼을 위한 닭고기 스프 / 당신의 영혼을 살찌우는 요가 음악>은 작가와 제목으로 인해 친근감으로 다가온다. 캔필드는 베스트셀러인 자신의 책이 걱정을 덜어주고 마음을 평화롭게 하며, 행복으로 인도해주듯, 요가 음악 역시 같은 일은 해준다고 이 음반의 치유와

'웰빙 효과'를 예찬한다.

치유 음악계의 가장 대표적 인물로 스티븐 핼펀을 손꼽는다. 작곡가이자 연주가이며 학자이자 음악치료사이기도 한 핼펀은 자신의 음반 <Music for Sound Healing(소리 치유를 위한 음악)>에서, 본래 몸과 마음과 영혼을 치유하는데 사용되던 음악이 근대에 들어 오락적 문화로 변질되었다며 음악 본래의 '치유적 기능 회복'을 역설하고 있다. 그는 깊은 명상(meditation)과 이완(relaxation)의 상태에서 '지구와의 조율'에 이르고 치유의 에너지를 호흡할 수 있으며 음악을 통해 이러한 효과를 드높일 수 있다고 말한다.

<Reiki(靈氣)>는 음악으로 기(氣)의 통로를 정결케 하고 우주의 영기를 받아 스트레스 해소와 긴장 이완 효과를 얻고 몸과 마음을 건강케 할 수 있다는 음반이다. 오쇼 라즈니시의 <쿤달리니 명상> 등 명상음반 시리즈는 고대 티벳에서 전래된 정통 명상 수련음악을 담고 있다. 재즈 클라리넷 주자인 토니 스캇이 60년대에 발표한 <선(禪) 명상을 위한 음악(Muisc for Zen Meditation)>은 뉴 에이지 음악의 효시이자 기념비적 음반이다. 현대 뉴 에이지 음악에 불을 당긴 스캇이 68년에 내놓은 후속작 <요가와 다른 기쁨들을 위한 음악>은 현대 요가음악의 교

과서적 음반이라 할 만하다. 음반의 마 지막에 <Shanti(평화)>라는 곡이 있는 데 이렇게 끝을 맺고 있다. "내 위에 있는 평화, 내 아래 있는 평화여, 나를 둘러싸고 있는 평화여, 오 할레 크리쉬 나" 현대의 요가 명상음악이 외형적으 로는 수천의 얼굴을 하고 있지만 그
음악의 근원은 힌두의 신에 대한 찬미에 잇닿아 있음을 내비친 다.

명상과 치유를 내건 뉴 에이지 음악 은 한결같이 '웰 빙'을 하나의 지향점 으로 제시하고 있다. 그러나 교회의 입 장에서 볼 때 동양 종교에 뿌리 한 이 러한 음악의 영성이 끼칠 수 있는 부 정적 영향으로 인해 듣는 사람이 '웰
빙(well-being)'이 아닌 '일 빙(ill-being)'으로 흐를 가능성을 우려 하지 않을 수 없다. 지금 웰 빙 바람과 함께 한국에서 일어나고 있는 명상음악의 증가는 뉴 에이지 음악의 입장에서는 사실상 본 래의 뉴 에이지 정신을 회복하는 제자리 찾기를 시도하고 있는 것인데, 교회의 입장에서는 불안한 조짐이 아닐 수 없다. 명상음 악을 통한 본격 뉴에이지 운동과 뉴 에이지 사상의 대중적 전파 가 가속화 될 수 있기 때문이다.

뉴 에이지 음악과 록 음악

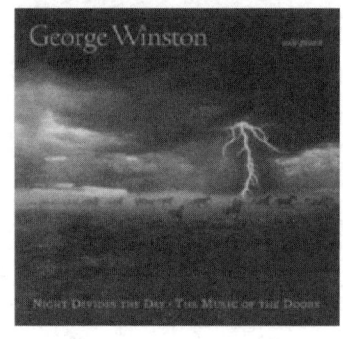

지난 1980년대 이후 뉴 에이지 음악 대중화에 결정적 기여를 한 장본인이자 뉴 어쿠스틱(new acoustic) 계열의 선구자로 불리는 조지 윈스턴은 지난 2002년, 1960년대 미국의 전설적 록 그룹 도어즈(The Doors)의 음악을 피아노 솔로로 각색 연주한 <Night Divides The Day. The Music Of The Doors>란 앨범을 내놓았다. 뉴 에이지 음악가가 록 음악을 연주하는 것은 대단히 이례적인 일로, 이는 뉴 에이지 음악에 대한 고정 관념을 깬 하나의 사건으로 볼 수 있다. 왜냐하면 뉴 에이지 음악은 어떤 면에서 록이나 댄스음악과 같은 '요란한' 사운드에 반발하여 '사색적 고요함'을 추구하는 음악이기 때문이다.

아무튼 윈스턴은 상극(?)이랄 수도 있는 이 두 음악 간의 만남을 시도했고, 도어즈 특유의 몽환적 록 음악은 윈스턴의 유려하고 차분하며, 때로는 육중한 피아노 음으로 재현됐다. 거물 뉴 에이지 음악가의 여유로운 일탈로 보일 수도 있는 이 앨범은, 그러나 단순한 음악적 일탈이나 외도(外道), 그 이상의 의미를 갖는다.

도어즈와 윈스턴

도어즈는 윈스턴의 음악 세계에 가장 많은 영향을 끼친 음악가 중 하나다. 윈스턴은 자신의 청소년기를 사로잡은 도어즈의 음악에 자극 받아 18살 때인 1967년 처음 오르간 연주를 시작했고, 그 후 오르간에서 솔로 피아노로 바꾼 뒤에도 도어즈는 윈스턴의 음악에 지속적인 영향을 미쳤다. 윈스턴은 특히, 그의 대표작이랄 수 있는 피아노 솔로 앨범 <가을 Autumn>을 녹음할 때 도어즈의 음악으로부터 적지 않은 영감(靈鑑)을 받았음을 고백한다. 윈스턴은 30년 이상 도어즈 음악에 심취해왔으며, 지금도 여전히 짐 모리슨(마약 과용 등으로 27살에 사망한 도어즈의 리더)과 도어즈의 음악을 좋아한다고 말한다. 그런 의미에서<Night Divides The Day>는 윈스턴이 자신의 음악적 우상이었던 도어즈에게 헌정하는 일종의 '트리뷰트(tribute) 앨범'인 셈이다.

이 앨범이 드러내준 윈스턴과 도어즈와의 관계에서 우리는 한 두 가지 사실을 유추해 볼 수 있다. 하나는, '블루스와 재즈'를 근간으로 하는 윈스턴의 음악이 역시 블루스와 재즈적 요소가 강한 도어즈의 록 음악으로부터 적지 않은 영향을 받았을 것이라는 사실과, 나아가 윈스턴과 그의 음악이 짐 모리슨과 도어즈의 음악 속에 흐르는 신비주의와 초현실주의, 그리고 동양종교

와 샤머니즘 등이 복합된 하나의 강력한 허무주의적 영성(도어즈에 대해 관심 있는 분은 올리버 스톤 감독의 '91년 작 영화 '더 도어즈'를 참고)의 영향을 받지 않았을까 하는 점이다. 그리고 또 하나는 록 음악과 뉴 에이지 음악이, 스타일 면에서는 완전히 판이한 음악이지만 사실상 '같은 뿌리'를 가진 음악일 것이라는 추측이다.

뉴 에이지와 록, 포스트모더니즘

'뉴 에이지 음악의 대부' 조지 윈스턴이 '록의 신화'로 불리는 도어즈의 음악을 연주한 것은 개인적 행위의 차원을 넘어서는 중요한 의미가 있다. 그것은, 현대 뉴 에이지 음악의 출발점과 이념적 기반이 록 음악의 르네상스인 1960년대에 놓여 있다는 사실을 확인해 주는 동시에, 록 음악과 뉴 에이지 음악이 같은 뿌리, 한 혈통의 음악이라는 것을 말해 주는 것이기도 하다. 조금 더 자세히 말하면 강력한 세속적 인본주의를 표방하는 록 음악이 진화하는 과정에서 '우주적 인본주의'를 이념으로 하는 뉴 에이지 음악을 탄생시킨 것이고, 뉴 에이지 음악이 모양은 판이하나, 결국 록 음악의 변종일 뿐, 본질적으로 별개의 음악이 아니라는 것이다. 록 음악은 환각을 통해, 뉴 에이지 음악은 명상을 통해 현실을 탈출, 이른바 우주적 무의식 상태라는 무아의 경지를 좇고 있는 것으로, 목적하는 바가 동일하리라는 것이다.

한편 조지 윈스턴은, 1960년대의 반문화운동을 포스트모더니즘의 시작으로 보는 시각과 관련해 뉴 에이지 음악과 록 음악이,

기존 예술에 대한 반발과 탈장르적 성격을 띤 포스트모더니즘 예술의 흐름과 지배하에 위치하고 있음을 보여주는 하나의 상징으로도 읽힌다.

기존의 어떤 장르에도 포함시키기 어려운 윈스턴의 독특한 연주 스타일(피아노의 공명과 파장음의 강조 등)과, 연주회에서의 파격 의상(그는 늘 청바지와 청색 셔츠 그리고 맨발 차림으로 무대에 선다)이 보여주는 일종의 전통과  관습에 대한 거부 내지는 냉소, 반형식, 그리고 은연중 도가(都家 Taoism)적 자연주의 사상을 내비치는 그의 자연관 등이 그렇다. (이는 우리에게, 자연을 소재로 한 그의 연주 음악들을 단순히 그가 주장하는 이른바, '전원적 포크 음악(rural folk music)'으로만 볼 수 없는 근거를 제공한다.) 윈스턴은 또한 한 인터뷰에서 "엑칸카라는 개인적 신을 통해 정신 수양을 한다."는 사실을 언급한 적이 있는데, 이는 그가 동양적 명상과도 무관하지 않음을 말해 준다.

이러한 그의 일련의 태도들은 우리에게 60년대의 히피 사상을 상기시키는 한편, 그가 록 음악과 뉴 에이지 운동에서 두루 발견할 수 있는 공통적 이념들에 근접해 있음을 보여주는 단서가 된다. 조지 윈스턴이 <Night Divides The Day> 앨범을 통해 시도한 자신의 음악적 우상 도어즈와의 만남, 그리고 그가 이 앨범을 통해 보여준 양자 간의 음악적 일체감(一體感)은, 록 음악과 뉴 에이지 음악이 같은 뿌리를 가지고 있을 뿐 아니라, 또 한편 '동일한' 영성을 추구하고 있을 가능성을 우리에게 강하게 암시해 주고 있다.

추기 조지 윈스턴은 최근까지 거의 매년 내한 콘서트를 가질 정도로 국내에서 인기가 높다. 윈스턴이 연주차 내한했을 때 한 국내 잡지와 가진 인터뷰에서 자신이 정신 수양을 위해 묵상하는 신이라고 언급한 '엑칸카'는 1970년대 미국에서 생겨난 신비주의 종교인 'Eckankar'인 것으로 추측된다. 자료에 의하면, 폴 트윗첼이라는 신문기자가 만든 이 종교는 "영혼 여행의 고대 과학 Ancient science of soul travel"이라고도 불리는데 불교와 힌두교, 기독교 등이 혼합한 뉴 에이지 종교로 알려지고 있다. 엑칸카는 영혼의 여행을 통해 최고의 신인 수그마드(Sugmad)에 이른다고 가르치며 엑칸카에 있어서 신은 곧 만물인데, 이는 전통 베다 힌두교의 교훈이다. 엑칸카의 추종자는 전세계적으로 약 5만 명에 이르며 이중 3만이 미국에 있다고 한다.

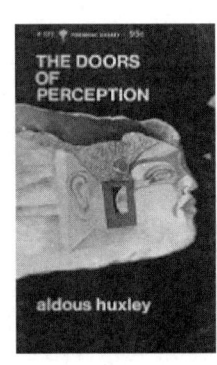

그룹 도어즈(Doors)의 이름은 소설 〈멋진 신세계〉로 유명한 英 작가 올더스 헉슬리(Auldos Huxley)의 저서 〈인식의 문들(The doors of perception) 1954〉에서 따왔다. 헉슬리는 이 제목을 영국의 시인 윌리엄 블레이크의 "알려진 것과 모르는 것 사이에 인식의 문이 있다"는 구절에서 빌려왔다. 짐 모리슨은 마약, 술, 섹스 그리고 록 음악을 통해 끊임없이 "인식의 문의 저편(피안 彼岸 - 불교에서 이승의 번뇌를 해탈, 열반의 세계에 도달하는 것. 필자 주)"을 향한 환각 여행을 시도하였다. 윈스턴의 앨범 제목인 'Night Divides The Day'는 도어즈의 노래 〈Break On Through The Other Side(다른 쪽으로 뚫고 나가라)〉의 가사에 나오는 문구를 인용한 것이다. 여기서 '다른 쪽'이란 "인식의 문 저편"에 있는 세계를 의미한다. 음반 녹음 시 향과 촛불을 켜는 등 모리슨과 도어즈에 있어서 록 음악을 한다는 것은 음악적 행위를 넘어 하나의 종교 의식과 같은 것이었으며 록 콘서트에서 짐 모리슨은 마치 '무당(shaman)' 처럼 노래하고 행동했다. 모리슨은 자신이 10대에 심취했던 윌리엄 블레이크, 니체 등의 시와 철학으로부터 많은 영향을 받았으며, 19세기 프랑스의 퇴폐주의 문예운동(데카당스)의 선구자이던 보들레르와 "정신의 신성한 무질서"라는 말로 유명한 시인 랭보는 그의 음악과 시의 원천이었다.

시크릿 가든과 뉴 에이지 종교 음악

한국인이 가장 좋아하는 뉴 에이지 아티스트는 누구일까? 흔히 이루마, 유키 구라모토, 시크릿 가든을 든다. 한국에서는 이들이 인기 뉴 에이지 음악가로 꼽히지만 나라 밖에서는 사정이 좀 다르다. 이루마나 유키 구라모토의 경우, 미국과 유럽 뉴 에이지 시장에서는 사실상 무명에 가깝다. 이는 기본적으로 동양권 아티스트가 가지는 한계일 수 있지만, 한편으로는 서구에서 그들의 음악을 정통 뉴 에이지 음악으로 보아주지 않는다는 표시일 수 있다. 엄밀히 말해 그들의 음악은 정통 뉴에이지 음악과는 거리가 있는 일반 서정풍 연주 음악의 성격이 강하다.

반면, 시크릿 가든(Secret Garden)은 다르다. 그들은 세계가 공히 인정하는 명실상부한 베테랑 뉴 에이지 음악가다. 그들의 음악은 유럽과 미국은 물론 아시아를 포함한 지구촌 전역에서 고른 인기를 얻고 있다. 그렇게 본다면, 한국인이 가장 좋아하는 진정한 뉴 에이지 음악가가 시크릿 가든이라 해도 별 틀린 말은 아닐 것이다. 지난 2004년 5월 시크릿 가든은 세종문화회관 대극장에서 내한 연주회를 가졌다. 시크릿 가든의 국내 공연은 지난 99년 이래 여러 차례 열린 바 있지만, 이 연주회는 특별히 사람들의 관심을 끌었다. 한국이 낳은 세계적 소프라노 신영옥이 시크릿 가든과 한 무대에 올랐기 때문이다. 공연에 즈음하여 시크릿 가든과 신영옥의 소속 음반사는 시크릿 가든의 연주에 신영옥의 노래를 덧붙인 트랙을 포함, 시크릿 가든의 레퍼토리 30곡을 담은 앨범 <The Ultimate Secret Garden>을 선보임으로써 분위기를 한껏 고조시켰다.

한국인이 가장 좋아하는 뉴에이지 아티스트

노르웨이 출신의 키보드 연주자이자 작곡가인 롤프 러브랜드와 아일랜드 태생 바이올리니스트 피오눌라 쉐리가 주축이 된 '뉴 에이지 듀오' 시크릿 가든은 지난 1995년, 40년의 역사를 자랑하는 유로비전 송 콘테스트에서 우승하면서 화려하게 대중음악계에 데뷔했다. 우승곡 <Nocturne>은 유로비전 송 콘테스트에서 노래가 아닌 연주곡으로 그랑프리를 받은 최초의 수상작이 되었으며, 음악적 스타일 또한 과거 유로비전의 수상곡과는 완전히 달라서, 언론은 이를 "시크릿 가든이 유로비전의 역사를 새로 썼다"고 표현했다. 뉴 에이지 음악이 유럽의 중앙무대에 우뚝 선 것이다.

시크릿 가든은 현재까지 베스트 앨범을 제외하고 넉 장의 정규 앨범을 내놓고 있다. 데뷔 앨범 <Songs From A Secret

Garden>으로 부터 동화 '헨젤과 그레텔'을 테마로 한 <White Stones>, 뉴 밀레니엄의 벽두에 선보인 <Dawn Of A New Century>, 그리고 2002년 작 <Once in A Red Moon> 등. 클래식 음악과 북유럽의 전통 민속 음악을 접목시킨 독특한 이들의 음악은 감성의 저 깊은 곳을 자극하는 애절하고도 신비로운 분위기로 지구촌 수많은 사람들의 마음을 사로잡았다. 탄탄한 예술적 역량이 느껴지는 이들의 음악은 몽환적 감성으로 사람을 끌어당기는 강한 흡인력을 자랑한다. 아일랜드 전통 악기인 백파이프와 휘슬, 하프와 만돌린이 그려내는 이국적 정취와 심금(心琴)을 울리는 고혹(蠱惑)적 바이올린 선율로 상징되는 시크릿 가든의 음악은, 미국 보다는 유럽 쪽 취향에 더 가깝고 전통적으로 단조(短調)풍의 선율을 선호하는 한국인들에게 크게 어필했고, 그들의 음악은 드라마와 CF 등에 빈번히 사용되면서 한국인들에게 가장 친근한 뉴 에이지 음악이 됐다.

기독교와는 다른 영성

시크릿 가든의 정통 뉴 에이지 음악으로서의 정체성은 이들 음악이 풍기는 강한 종교적 성향에서 잘 드러난다. 여러 곳에서, 그들의 연주와 노래와 가사는 종교적 분위기를 물씬 풍긴다. 그들의 음악은 영혼의 구원('Sigma')과 기도('Prayer')를 노래하며, 그레고리오 성가 풍의 코러스와 전통 라틴 미사곡을 동반한 영감 있는 음악은 한 편의 성가(聖歌)를 방불케 한다. 이들이 극도의 서정성과 감수성으로 그려내는 예술적 아름다움은 거룩한 분위기를 풍기는 '신성한 미(sacred beauty)'다. "누구나 자기 안의 어딘가에 비밀의 정원을 가지고 있습니다. 그 곳은 우리가 어려움을 당할 때 위안을 얻을 수 있는 곳이며, 때로는 그 안에 조용히 칩거하며 기쁨과 묵상에 잠길 수 있는 장소입니다. 나의 음악들은 이런 나의 비밀의 정원에서 찾아낸 것들입니다.." 시크릿 가든은 나아가 그 비밀의 정원(secret garden) 이 바로 우리의 영혼이 거하는 처소라 말한다. "성소(聖所)는 명상과 고요한 묵상을 위한 신성한 장소입니다. 그곳이 바로 우리 안에 있는 비밀의 정원입니다. 그곳은 영적인 내면의 방 (spiritual inner room)이며, 우리는 그

곳에서 이성의 등불을 밝힐 수 있습니다" (앨범 <White Stones> 중 'Sanctuary(성소)' 해설에서)

이런 종교적 성향으로 볼 때, 뉴 에이지 음악의 하부 장르 중 켈틱 음악(Celtic music)으로 분류되기도 하는 시크릿 가든의 음악은 뉴 에이지 종교음악 (New age religious and Gospel)의 카테고리에 들어갈 만하다. 이 음악은 영적인 신념과 종교·철학적 믿음을 표현하는 뉴 에이지 음악이다. 그러나 시크릿 가든이 내비치는 이러한 종교적 분위기는 우리 기독교의 입장에서 볼 때 경계의 대상이 될 수밖에 없다. 그들의 말하는 구원(spirit is my salvation...)과 그들이 '영들(spirits)'에게 드리는 기도는 분명 우리 기독교의 그것이 아니기 때문이다. 그들이 말하는 순수와, 거

록과 영성과 묵상과 기도는 기독교적인 그 무엇을 풍기고는 있지만, 사실 그것들은 기독교의 모조품에 불과하다.

"뉴 에이지는 기성문화와 가치를 타파하려는 반체제 문화가 아니라 참된 선을 추구하려는 가치관과 신비주의가 결합된 결과로 파악해야 한다."(Herold Bloom)는 말은 분명 일리가 있다. 뉴 에이지의 문제는 참된 선을 추구하려는 노력이 예수 그리스도가 아닌 이교적, 신비주의적 영성과 결합하려 한데 있고 이는 우리를 하나님이 아닌 다른 세계로 미혹할 수 있기 때문에 교회는 이 문화에 대해 경계를 요청하고 있는 것이다.

켈틱 뉴 에이지와 엔야

현대 대중음악에서 1980년대 이후 뉴 에이지 음악과 더불어 가장 각광받는 음악으로 부상하고 있는 것이 월드 뮤직(world music)이다. 월드 뮤직이란 용어는 음악 산업계에서 말하는 의미와 민속음악학적 정의 간에는 구별이 있으나, 일반적으로 영미를 제외한 비영어권 제 3세계의 대중음악을 뜻한다. 전통적으로 비주류(非主流)에 속하는 월드 뮤직은 주로 소규모의 독립음반사(independent label)들에 의해 배급되는데, 근래 팝·록음악의 부진과 함께 지분이 크게 확대됐다. 월드 뮤직의 득세는 특히 이 음악과 뉴 에이지 음악과의 결합에 기인한 바가 크다. 정령숭배 등 무속·이교적 종교 분위기를 풍기는 월드 뮤직과 뉴 에이지 음악은 일찍부터 활발한 교류가 진행되어 왔고, 그간 상당 부분의 월드 뮤직이 뉴 에이지의 울타리 내로 편입됐다. 오늘날 '뉴에이지 월드뮤직'은 아시아, 남미, 유럽 등의 광범위한 전통 민속 음악을 포괄하고 있으며 그 안에는 북미 인디언의 전통음악도 들어 있다.

월드뮤직 중 가장 두드러진 약진을 보이고 있는 것이 켈틱 음악(Celtic music)이다. 그 기원을 아일랜드에 두고 있는 켈틱 음악은 주류 팝 음악과의 적극적인 크로스오버를 추구하면서 음악 산업계에서의 비중을 크게 높이고 있다. 셀린느 디옹이 부른 영화 <타이타닉>의 주제가 속을 흐르는 아일랜드 전통 악기인 페니 휘슬(penny whistle)의 애조 띤 선율은 오늘날 현대 대중음악 속에 자리 잡은 켈틱 음악의 위상을 잘 보여주는 예다. 아일랜드의 민속음악과 대중음악의 결합을 통해 '전통과 현대의 퓨전화(fusion化)'에 성공한 켈틱 음악은 현재 이 분야의 세계적 음악가들과 다수의 아일랜드, 스코틀랜드 계 아티스트들에 의해 거대한 흐름을 형성하고 있다.

거룩한 분위기 풍기는 엔야 음악

여성 뉴 에이지 아티스트 중 최고의 인기를 누리고 있고, 뉴 에이지 음악가 중 미국에서 가장 많은 음반 판매고를 기록하고 있는 가수인 엔야(Enya. 본명 에이녜 니 브리닌)는 켈틱 음악을 현대 대중음악의 주류(主流)에 올려놓은 장본인이다. 1988년에 나온 데뷔 앨범 <Watermark>로 부터 <Shepherd Moon>, <The Memories of Trees>, <A Day without Rain> 등 엔야의 앨범은 베스트 앨범을 포함 5,000만 장에 달하는 엄청난 판매고를 기록했다. 또한 그녀의 앨범은 두 차례나 그래미 최우수 뉴 에이지 앨범상을 수상하기도 했다. 이러한 엔야의 상업적 성공은 켈틱 음악이 오늘날 뉴 에이지 음악의 중심 장르 중 하나로 자리 잡는 데 결정적 역할을 했다.

엔야 음악의 특징은 목소리의 반복 녹음(overdubbing) 효과가 연출하는 환상적 분위기의 화음과 엔야의 청아한 보컬이 그려내는 목가적 정취, 그리고 아일랜드의 신화와 전설, 게일어(아일랜드의 고어)와 라틴어가 등장하는 가사가 자아내는 고풍(古風)스런 분위기와 신비감 등으로 대표된다. (엔야의 노래 <May It be>가 영화 <반지의 제왕>의 주제곡으로 채택된 이유를 짐작할 수 있다.) 그러나 무엇보다도 많은 사람들이 엔야의 노래에 매력을 느끼는  것은 그녀의 음악이 풍기는 어떤 '거룩한 분위기'가 아닐까 한다. 엔야를 말할 때 '천사의(angelic) 목소리', '천상의(heavenly) 하모니' 등의 표현이 즐겨 사용되는 것은 우연이 아니다. 어렸을 적부터 성가대에서 활동하며 재능을 키운 엔야의 단아하고 청명한 보컬은 교회 성가의 색채를 물씬 풍긴다. 여기에 합성 음향이 만들어 내는 코럴은 교회 음악의 장중하고 거룩한 분위기를 연출해 낸다. (예. tempus vernum) 그녀의 음악은 전통 민속음악과 현대 대중음악의 정서를 아우르는 한편 교회 음악적 분위기와 기교를 곳곳에 동원하고 있다.

나아가 그녀의 노래들은, 인간의 근원을 진지하게 묻고 있는 <순례자 pilgrim>등의 노래에서 보듯, 종교성 짙은 (그러나 사실은 인본주의적 세계관에 기초한) 내용을 즐겨 다룬다. 여기에 고통과 슬픔으로부터 안식과 치유, 나아가 구원을 갈구하는 현대인들의 상한 심령을 사로잡는 매력이 있는 것이다. 9.11 테러 이후 미국에서 엔야의 2000년 앨범 <A Day without Rain>의 인기가 급상승하였고 이후 이 앨범이 장기 스테디셀러의 자리를 굳히게 된 이유도 이런 점에 있을 것이다. 엔야의 성공은 문화의 다양성이라는 측면에서 현대 대중음악에 하나의 새로운 방향을 제시하는 긍정적인 면이 있지만, 한편으로는 뉴 에이지 음악이 지닌 '의사(擬似 pseudo)' 종교적 성향이 사람들을 잘못된 영의 세계로 인도하거나, 뉴 에이지 음악이 '복음의 대용품' 역할을 자처하며 기독교에 대한 인식에 혼란을 줄 수 있다는 점에서 경계의 끈을 놓을 수 없게 한다.

추기 ✏️ 다케노우치 유타가와 진혜림이 주연한 영화 '냉정과 열정사이'와 원작 소설은 국내에서 꾸준히 인기를 끌었다. 이 영화에 엔야의 노래들이 등장한다. 뮤직비디오와 음반 자켓에 수채화나 회화적 기법을 자주 도입한 엔야의 음악이 영화 속 '미술 회화복원' 이라는 소재와 어울려서였을까? 작가가, 영원한 사랑을 약속하는 '연인들의 성지(聖地)'로 불리는 이탈리아의 피렌체 성당 등을 통해 상징하려한 이른바 사랑의 '순수와 거룩함' 같은 주제에 그녀의 음악이 적합하다고 본 것일까? 사실상 젊은이들을 위한 통속 멜로물 수준을 벗어나지 못한 이 영화에 등장하는 엔야의 음악은 각박하고 속물화한 현실 속에서 '순수하고 거룩한 그 무엇'을 갈망하는 현대인들을 위한 '거룩한 노래'로 채택된 것이 아닐지. (바로 이런 곳이 '순수와 거룩의 진정한 본체'인 기독교의 응답이 필요한 곳인데!)

한편, 엔야 음악을 구성하는 요소 중 빼놓을 수 없는 것이 그녀의 프로듀서 겸 메니저인 미키 라이언과 그의 부인 로마 라이언의 역할이다. 특히 엔야 음악의 뉴 에이지적 성향에는 로마 라이언이 쓰는 가사의 영향이 적지 않다. 90년대 초 음반사에서 일할 때 미키 라이언과 엔야를 만난 적이 있다. 엔야는 여느 가수와 달리 말이 없고 차분한 편이었다.

일렉트로닉 뉴 에이지와 반젤리스

뉴 에이지 음악의 중요한 특성 중 하나는 주변 장르에 대해 끊임없이 절충을 시도한다는 것이다. 모호하고 느슨한 음악적 경계를 특징으로 하는 뉴 에이지 음악은 이미 클래식, 재즈, 포크, 월드뮤직 등 다양한 음악 스타일을 자신의 울타리 안에 끌  어들였고 지금도 왕성한 식욕을 과시하며 부단히 크로스오버(crossover) 작업을 진행 중이다. 이러한 뉴 에이지 음악의 행태는 다분히 공격적이며 때로는 약탈적이기까지 한데, 1960년대 이후 록 음악이 수많은 하부 장르를 탄생시키며 몸집을 키워갔다면, 뉴 에이지 음악은 기존 장르들을 포섭, 변종(變種)을 만들어 거느리는 수법을 구사하며 영역을 확장해 나가고 있다.

뉴 에이지 음악이 자신의 산하에 끌어들인 팝 음악 장르 중 대표적인 것이 프로그레시브 록(progressive rock)이다. 예술지향, 미래지향적 팝 음악으로 고전 음악과 재즈를 도입하는 등 품격 있는 실험적 대중음악을 표방하며 전자 악기 사용에도 적극적이었던 프로그레시브 록은 지난 1980년대 뉴 에이지와의 절충을 시도한 이후 뉴 에이지의 하부 장르로 완전히 편입됐다. 일렉트로닉 뉴 에이지(electronic new age), 엠비언트(ambient) 등의 용어로 지칭되는 이 음악은 현재 주로 서정풍의 연주음악을 지칭하는 어쿠스틱 뉴 에이지 음악과 함께 뉴 에이지 음악을 구성하는 또 하나의 중심축으로 자리 잡고 있다.

프로그레시브 록을 집어 삼킨 뉴 에이지

일렉트로닉 뉴 에이지 음악은 말 그대로 전자 음악(electronic music, electronica) 스타일의 뉴 에이지 음악을 뜻한다. 이 음악의 시작은 지난 1980년대 중반 윈덤힐(Windham Hill)과 함께 뉴 에이지 음악 시장을 주도했던 프라이빗(Private) 레이블(음반사)에서 비롯됐다. 일찍이 전자음악 분야에서 눈부신 발전을 이룩했던 독일은 1960년대 말 세 사람의 음악학도로 구성된 파격적이고 실험적인 전자음악 밴드 탠저린 드림(Tangerine Dream)을 탄생시킨다. 그 후 탠저린 드림은 세계적인 프로그레시브 록 밴드가 되었고 그룹의 중심 인물인 클라우스 슐체는 전자음악 분야에 커다란 자취를 남겼는데, 뉴 에이지 전자음악계의 거물인 일본의 기타로(Kitaro)에게 영향을 끼치기도 했다.

역시 이 그룹 출신인 피터 바우만이 1983년에 설립한 레이블이 프라이빗이다. 자유롭고 실험적인 음악 정신을 내세운 프라이빗은 패트릭 오헌 등 소속 아티스트들이 음악 속에 뉴 에이지적 요소를 도입하면서, 뉴 에이지 레이블을 표방하게 되었고 이때부터 프로그레시브 아티스트들이 뉴 에이지 계열로 분류되기 시작했

다. 이는 당시 침체 일로에 있던 프로그레시브 록 음악이 뉴 에이지와의 절충을 시도하여 뉴 에이지에 흡수된 사건으로 볼 수 있으며, 이러한 배경에 프로그레시브 음악의 우주적·공간적 사운드의 신비로운 분위기가 뉴 에이지의 정서와 잘 맞아떨어진 점이 작용한 것으로 풀이된다. 이러한 변화 속에서 반젤리스, 장 미셸 자르, 릭 웨이크먼 등 프로그레시브 록 분야의 전자 음악 뮤지션들이 대거 뉴 에이지로 귀속되거나 전환하였고, 이후 프로그레시브라는 장르는 유명무실해지게 되었다. 현재 페트릭 오헌, 쿠스코, 야니, 쉐도우팩스, 빌 더글라스 등 수 많은 아티스트들이 일렉트로닉(엠비언트 ambient) 계열의 뉴 에이지 음악가로 활약하고 있다.

내면적 명상여행

일렉트로닉 뉴 에이지음악은 대개 다양한 전자악기와 미디(midi : 전자악기를 컴퓨터로 제어하는 틀) 등 전자음향 합성장치를 사용해 만들어 내는 변화무쌍한 전자음과 비트로 구성된 스튜디오 음악의 형태를 띤다. 음악적으로 보편적 뉴 에이지의 정서인 서정적, 목가적 분위기의 뉴 에이지 전자음악도 있지만, 전혀 뉴 에이지의 정서와 동떨어져 보이는 복잡한 기계음으로 구성된 추상적이고 난해한 뉴 에이지 전자음악이 적지 않다. 이러한 음악들은 복잡하고 몽환적인 전자음을 동원한 우주적 사운드로 '내면적 명상여행'을 시도하거나 자연과의 합일 추구를 부르짖기도 한다. 이 음악은 독립적 뉴 에이지 음악으로 유통되는 한편, 영화음악, TV 다큐멘터리, CF 등 각종 영상물의 배경음악으로 광범위하게 사용되고 있어 어떤 의미로는 우리 곁에 가장 가까이 다가와 있는 뉴 에이지 음악이라 할 수 있다.

뉴 에이지 음악을 분별하려면

근래 국내에서 일고 있는 뉴 에이지 음악 붐은, 경기 침체에 따른 소비 위축으로 순수 클래식 공연을 비롯한 각종 연주회가 부진을 면치 못하고 있는 가운데서도 뉴 에이지 계열 아티스트의 콘서트들이 대부분 성황을 이룬다는 점에서  쉽게 확인된다. 클래식도 팝도 아닌, 자칫 음악적 내용에 있어서 비판의 소지가 없지 않은 뉴 에이지 음악에 관객이 몰리는 것에 대해, 이를 기획사의 얄팍한 상업주의가 만들어낸 바람직하지 않은 현상으로 보는 시각도 없지 않지만, 어쨌거나 지금 연주 회장에서 벌어지고 있는 이러한 모습은 한국인들이 뉴 에이지 음악에 단단히 빠져들고 있다는 사실을 보여주는 하나의 분명한 증거로 읽혀진다.

이는 오늘날, '각박한 현실과 일상으로부터의 탈출'과 '자연으로의 회귀'를 모토로 내걸고, 세계 각지에서 피곤에 지친 수많은 현대인들을 유혹하고 있는 뉴 에이지 음악이 특히 IMF 이후 정치, 사회 경제적으로 고단한 삶을 살아가고 있는 한국인들에게 세대를 불문하고 긴장 해소와 '쉼'을 위한 탈출구로 각광받고 있는 현실을 보여주는 것이라 할 수 있다. 한국의 뉴 에이지 음악

은, 80년대 조지 윈스턴으로 대표되는 사색적이고 감상적인 연주음악인 이른바 어쿠스틱 뉴 에이지 음악을 시발로 야니, 엔야 등 세계적 뉴 에이지 아티스트와 주로 일본의 피아니스트들이 경합을 벌이는 가운데 뉴 에이지 음악의 대중화가 진전되어 오늘에 이르렀고, 90년대 이후로는 인도, 유럽 등지의 심신 수련용 뉴 에이지 명상음악 인구가 증가하는 추세에 있다. 뉴 에이지 명상음악은 근래 부는 웰빙 바람을 타고 대중화하며 수요가 급증하는 조짐을 보이고 있기도 하다. 아무튼 뉴 에이지 음악은 이제 연주회장과 음반시장, 인터넷과, TV의 광고, 드라마 음악으로 우리 주변에 좀 과장하면, '넘쳐흐르고' 있다.

뉴 에이지 음악의 정체성 혼란

기독교인이면서 뉴 에이지 음악을 즐기는 사람들과, 우리 주변에서 뉴 에이지 음악이 점점 늘어나는 것을 지켜보는 기독교인 대다수에게는 이 음악에 대한 다소간 혼란과 갈등, 고민과 우려가 있다. 뉴 에이지 음악과 반 기독교적 종교운동인 뉴 에이지 운동과의 연관성 때문이다. 갈등과 혼란의 상당 부분은 음악시장에서 사용되는 뉴 에이지라는 용어와 종교 운동으로서의 뉴 에이지라는 용어가 과연 일치하고 있는가라는 의구심에서 비롯된다. 그 이유는 60년대 탄생한 뉴 에이지 음악이 80년대 이후 상업화, 대중화의 과정을 거치는 과정에서 '서정성이 강한 목가적(명상적)

연주음악'을 통칭하는 장르 용어로 음악 시장에서 사용되어 오고 있기 때문이다. 뉴 에이지 음악은 클래식으로부터 재즈, 감미로운 경음악(easy listening)과, 제 3 세계의 민속음악(ethnic music) 등을 두루 포괄하는 광범위한 연주 음악이면서  장르적 경계선이 모호하다는 특징을 가진다. 특히 해외에서는 뉴 에이지 음악에서 서정성과는 거리가 먼 프로그레시브한 전자 음악(electronic music)의 비중이 상당히 강하다.

이러한 뉴 에이지 장르의 지나치게 포괄적인 적용과 상업적 남용(?)으로 인해 뉴 에이지가 가졌던 본래의 종교적 개념과 이미지가 상당 부분 약화하거나 희석된 것이 사실이다. 근래 우리나라에서는 뉴 에이지가 연주음악에 있어서 판매효과를 높여주는 하나의 '인기상표'로 떠오르면서 뉴 에이지 장르의 확대 적용 현

상이 더 심해졌다. 뉴 에이지 운동과는 상당히 거리가 있거나 아예 무관한 음악도 상업적 목적 하에 뉴 에이지라는 꼬리표를 달고 있을 수 있다는 얘기다. 이는 우리의 혼란을 가중시키는 부분이다. 이러한 상황에서 뉴 에이지 음악을 가려내는 일은 한층 더 까다롭고 복잡한 작업이 되고 있다. 이제 뉴 에이지 음악을 단순히 기존의 스타일로만 구분하는 것은 상당히 어렵게 되었고 우리가 경계해야 할 뉴 에이지 음악 분별을 위해서는 보다 다각적인 접근과 세밀한 조사가 불가피하게 되었다.

그리고 이런 검증은 음악의 스타일과 내용, 음악가의 사상과 종교, 음악의 제목과 가사, 음반 표지, 뮤직 비디오, 콘서트 등 전반에 걸쳐 두루 확인되는 것이 바람직 할 것이다.

사상, 종교성, 기능성

대개 아래와 같이 불리는 음악(음반)은 전형적인 뉴 에이지 음악을 지칭하는 용어들이다. relaxation music(휴식, 이완을 위한 음악), healing music(치유음악), ambient music(환경음악), music for meditation, music for contemplation(명상, 묵상을 위한 음악), inner music (내면의 음악) 등. 이와 함께 윈덤 힐(Windham Hill), 나라다(Narada), 하이어 옥타브(Higher Octave), 리얼 뮤직(Real Music), 뉴 어쓰(New Earth) 등 뉴 에이지 '전문' 레이블(음반사)의 이름을 기억해 두는 것이 좋다.

뉴 에이지 음악이냐 아니냐를 판단하는 잣대는 기본적으로 뉴 에이지 운동의 이념들과의 연관성에서 찾을 수밖에 없다. 인간을 무한한 잠재력을 가진 신적 존재로 보는 뉴 에이지적 인본주의, 인간 내면의 신적 자아를 각성, 발전시켜야 한다는 뉴 에이지적 영성주의, 신과의 합일을 부르짖는 신비주의, 동서고금의 사상을 하나로 묶는 통합주의와 지구촌주의, 그리고 영적 유토피아를 꿈꾸는 이상주의와, 모든 것을 신으로 보는 범신론과 같은 뉴 에이지의 사상과 철학을 직간접적으로 드러내는 음악은 음악의 스타일을 떠나서 일단 뉴 에이지 음악으로 보고 경계할 필요가 있다.

뉴 에이지 음악을 구별하는 가장 좋은 방법은 이 음악이 단순히 감상용 연주 음악인지 아니면 명상이나, 사색, 치유, 자아성찰, 자기 계발, 심신 수련, 의식 개혁 등 '도(道)를 닦는 듯한' 표어를 내세우는 '기능성 음악'인가를 따져보는 것이다. 요가나 초월명상, 선(禪) 등의 수행 목적 음악은 말할 것도 없다. 종교적 기능성을 띤 뉴 에이지 음악은 음악을 통해 '우리의 육체와 정신을 다스리고 결국 이를 통하여 우리의 영혼을 조절(control)할 수 있다'는 논리를 편다. 대개 미세한 변화와 많은 반복으로 이어지는 뉴 에이지 음악은 시작과 끝을 구분할 수 없는 순환 구조를 통해 명상과 사색에 이르고, 음악을 통해 의식과 무의식을 이어 이성의 저 바깥 편으로까지 정신세계를 확장시킬 수 있다고 말한다. 그러나 우리 기독교에서는 이러한 음악들이 겉으로는 '그럴듯하지만' 우울증과 같은 정서적 문제를 야기할 수 있고 영적으로 위험할 수 있다고 말하는 것이다. 뉴 에이지 음악의 붐과 함께 교회가 신경써야 할 부분이 많이 늘어났다.

CCM

찬송 맞습니까?

어느 날 아침, 운전 중에 라디오 다이얼을 기독교 채널에 맞추자 "이번엔 영어 찬양 한곡 들려드립니다"란 진행자의 멘트와 함께 귀에 익은 멜로디가 흘러나왔다. "I can see clearly now the rain is gone..." <I can see clearly now>란 흘러간 팝송이었다. 이 곡은 1970년대 초 지미 클리프(Jimmy Cliff)란 가수가 처음 불러 알려졌고, 뒤를 이어 자니 내쉬(Johnny Nash)라는 흑인 가수가 불러서 빌보드 차트 1위를 차지했던 팝의 고전이다. 역경과 고통의 시간이 끝나고 행복한 날을 맞이한 기쁨을 노래한 곡이다. 그러나 이 노래는 정확히 말해 우리 기독교의 찬송(복음성가 혹은 CCM)이 아니다. 비슷한 케이스로, 리틀 페기 마치(Little Peggy March)의 노래 <I will follow him>이 있다. 이 곡은 영화 <시스터 액트>에 등장한 가톨릭 수녀들이 부른 뒤부터 일부 교인들이 복음성가로 인식하고 있다.(단지 수녀들이 불렀다는 이유만으로) 1963년에 나온 이 노래의 가사 '나는 당신을 따르겠어요(I will follow him)'에서 'him'은 예수님이 아니라 사랑하는 연인, '그대'를 말한다.

팝송이냐 찬양이냐

CCM 스타 마이클 W. 스미스의 근작 앨범 <Healing rain>에는 1970년대에 나온 사이먼과 가펑클의 대표작<Bridge over troubled water>가 수록돼 있다. 이 노래는 아다 시피 우정을 그린 노래다. 스미스는 아마도 이 노래가 희생적 우정을 그린 곡이므로 기독교적으로 해석될 수 있을 것이란 생각으로 앨범에 넣은 것 같으나, 정확히 말해 이 노래는 기독교 찬송과는 '전혀' 상관없는 팝송일 뿐이다. CCM의 여왕 에이미

그랜트(Amy Grant)가 팝 역사상 여성으로 가장 많은 앨범 판매고를 기록했던 캐롤 킹의 전설적 빅 히트곡 <It's too late>를 부른 것도 비슷한 케이스다. 해외 CCM 유명 가수들의 앨범을 보면 종종 이런 식으로 가사가 좋은 대중음악의 히트곡을 자신의 찬양 앨범에 삽입하곤 한다.

이런 노래들은 가사가 괜찮은 노래, 잘 만든 노래일 수는 있으나, 하나님을 찬양하는 '찬송'은 아니다. 그러나 이런 노래들이 버젓이 '찬양 앨범'에 수록돼 있기 때문에 잘 모르는 사람들에겐 찬송으로 오해될 소지가 있다. 서두의 <I can see clearly now>도 아마 앤 머레이(Anne Murray)의 찬양 앨범에 수록돼 있기 때문에 찬송으로 생각했을 것이다. 근년, CCM 밴드인 '식스 펜스 넌 더 리처(Six pence none the richer)'는 기독 밴드가 아예 자신들이 만든 팝 음악을 앨범에 넣어 히트를 친 케이스다. 이들의 히트곡 <Kiss me>는 CCM계가 주는 유명 음악상을 수상하기도

했으나, 과연 이 노래를 기독 음악으로 볼 수 있느냐는 문제가 제기돼 물의를 빚었다. 찬양의 정체성이 걷잡을 수 없이 와해되고 있는 미 CCM계 내부의 당혹스런 표정을 읽을 수 있는 소동으로 비친다.

음악적 내용이나 가사가 조금만 종교적 분위기를 풍겨도 '기독교 찬양'으로 잘못 인식되는 경우도 종종 있다. 언젠가 교회에서 비틀즈의 대표작 중 하나인 <Let it be>를 기독 음악인 것으로 알고 연주하려다가 확인 차 물어온 질문을 받은 적이 있다. 이 곡은 노래 전체에 흐르는 종교적 분위기와 노래에 등장하는 'Mother Mary'란 가사 때문에 기독교적 작품으로 자주 오해됐다. 그러나 'Mother Mary'는 흔히 알려진 대로 '성모 마리아'가 아니라 이 노래를 만든 폴 메카트니 자신의 어머니 '매리(Patricia Mary)'를 지칭한 것이다. 메카트니가 자신의 세속적 노래에 거룩한 기독교 이미지를 부여하려는 불경스런 장난을 친 개연성이 있다.

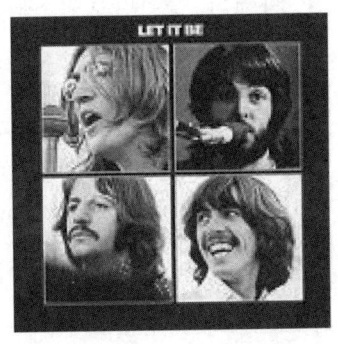

오랫동안 국내 팝 팬들의 사랑을 받은 캣 스티븐스(Cat Stevens)의 히트곡 <Morning has broken>은 종교적 가사로 인해 국내 복음성가 가사집에 수록되기도 했는데, 이 노래 역시 잘못 알려진 케이스다. 캣 스티븐스는 기독교인이 아니라 독실한 이슬람교도다. 아침과 창조의 아름다움을 찬양하고 있는 이 노래는 기독교의 찬송이 아니고 '이슬람 찬송'이다. 종교적 영성 추구를 중요 요소로 채택하고 있는 현대의 많은 뉴 에이지 음악들도 즐겨 기독교 성가나 기독교적 분위기를 차용하고 있지만, 이런 음악들은 오히려 기독교를 대적하는 어둠의 음악일 뿐이다.

크로스오버의 문제

<Yesterday once more>등의 히트곡으로 우리에게 친숙한 남매 그룹 카펜터즈(Carpenters)의 데뷔작 <(They long to be) Close to you>는 카펜터(목수, 예수님의 직업)라는 이름과 "당신에게 가까이 가기를 원한다(close to you)"라는 가사 내용이 주는 기독교적 분위기로 인해 한 때 기독교적 노래로 알려졌으나 노래를 자세히 들여다보면 애매모호한 내용으로 기독교 음악이라 보기 힘들다. 대표적인 기독교인 팝 가수였던 팻 분의 딸 데비 분(Debby Boone)이 부른 노래 <You light up my life(내 인생의 밤을 밝혀준 당신)>은 동명의 영화 주제가 이면서 무려 10주간 빌보드 차트 정상을 지킨 명곡이었다. 이 노래 역시 기독교적 노래로 많이 알려져 있다. 이 노래에서 'you'는 하나님으로 해석될 수도 있고, 사랑하는 사람 혹은 은인으로 해석될 수 있다. 그러나 가사 중 어디에도 'you'가 하나님을 가리킨다는 확정적 표현이 없다. 이 노래가 잘 만든 건전한 노래이기는 하나 이 노래를 기독 음악으로 볼 수 없는 이유다.

여기서 소위 '크로스오버'의 논리가 등장한다. 직접적 표현이 아닌 은유적 표현으로 하나님을 찬양하는 노래이면서도 세상 사

람들이 들을 때는 그저 '사랑 노래'로 들리게 하여, 믿지 않는 이들에게 거부감 없이 기독교적 메시지를 들려주어 복음을 전한다는 것이다. 하나님께 드리는 사랑의 표현이 세속의 사랑으로 이중적으로 해석되는 것이 과연 성경적일 수 있을까? 과연 하나님은 그런 식의 찬양을 기뻐 받으실까? 두 마음을 품은 노래로 생각하시지 않으실까? 또 그런 식으로 과연 복음이 전해질 수 있을까? 근래 한국 가톨릭 쪽에서 나온 음반을 보니 성가 곡들과 함께 가요와 팝도 함께 수록돼 있다. 미국과 서구 CCM을 열심히 답습하고 있는 한국 찬양계에서도 앞으로 이런 식의 시도가 늘어나지 않을까 걱정된다. 하나님께 드리는 찬송이 더 이상 혼잡케 되지 않기만을 간절히 바랄 뿐이다.

추기 ✎ 사이먼과 가펑클의 대표작 〈Bridge over troubled water (험한 세상의 다리가 되어)〉는 무려 30년 가까이 사랑을 받고 있는 팝의 고전이다. 기독교 방송이 아닌 일반 유명 FM 팝 프로에서 DJ가 이 노래를 소개하면서 다소 감격적인 어조로 서너 차례나 '거룩한 노래'라는 표현을 사용하는 걸 들은 적이 있다. DJ는 아마도 이 노래에 대해 자신이 할 수 있는 최대의 찬사를 (즉흥적으로..)동원하려 한 것 같은데, 그 표현이 "거룩하다"였다. 실제, 피아노 반주를 비롯해 이 노래가 음악적으로 가스펠적 분위기를 띠고 있기는 하다. 리드 보컬을 맡은 아트 가펑클의 목소리도 성가적 분위기를 연출하고 있다. 그러나 앞서 말했듯 이 노래는 매우 세련되게 만들어진 하나의 세속 팝송일 뿐 '거룩한 노래'(聖歌)가 아니다.

워낙 빅 히트곡이다 보니 〈Bridge over..〉에 얽힌 얘기가 많다. 그 중 기독교에서 나온 대표적인 얘기가 이 노래의 후렴부에 등장하는 "Sail on silver girl, sail on by...." 부분이 마약 사용을 찬양하고 부추기는 내용이라는 것이다. 영문학을 전공한 폴 사이먼의 시적(詩的) 감수성이 돋보이는 가사이나, 혐의가 없지 않다. 그리고 필자가 알고 있는 또 하나, 소문이 아닌 얘기로는 이 노래가 '너무 아름다워서' 이 노래가 한창 유행할 당시 이 노래를 듣고 자살한 서양의 청년들이 더러 있었다는 것이다. 나는 이 얘기를 진실로 믿는다. 사람들은 그런 감정 상태에서도 자살의 유혹에 빠질 수 있기 때문이다. 어쩌면 감정을 북받치게 하고 눈물샘을 자극하는 '강한 서정풍의 발라드'가 노골적으로 죽음을 찬미하는 과격한 록 음악보다 한편으로 더 위험할 수 있다는 생각이 여기에 있다. 한편, 사이몬과 가펑클은 현대인의 '고독과 소외'를 다룬 많은 노래들로 인기를 모았는데, 그 중에는 〈A Most Peculiar Man〉, 〈Richard Cory〉 등 자살을 소재로 한 곡들도 들어있다.

한 가지 주목할 것은, 미국에서 9.11테러가 일어났을 때 미 방송국들이 〈틀지 말아야 할 노래 목록〉에 이 '위대한 팝의 걸작'을 포함시켰다는 사실이다. 이 노래가 충격과 좌절에 빠진 미국인들에게 새 힘과 희망을 주는 '건강하고 긍정적인' 노래라기보다는 오히려 우울하거나 감상적인 정서를 자극할 수 있는 '위험한' 노래였다고 판단했기 때문은 아닐까? 위의 DJ가 이 노래에 붙인 "거룩하다"라는 종교적 수사(修辭)는 오늘날 기독교적 내용이나 분위기를 차용한 세속 대중음악이 거룩한 성가의 '대용품'으로 즐겨 사용되고 있는 현실을 상징한다. 자신이 "다리가 되어 친구가 험한 강물을 건널 수 있도록 하겠다"는 노래 〈Bridge Over..〉는 죄로 인해 죽을 수밖에 없는 우리를 위해 십자가의 달리심으로 몸소, 우리를 생명으로 인도하는 '구원의 다리'가 되어주신 예수님의 '거룩하고 위대한' 사랑의 인본주의적 모조품에 불과하다.

CCM, 문제는 없는가 I – 개념과 용어

(이하 글에서 CCM은 가요, 팝, 록 등 일반 대중음악 양식을 '거의 그대로 차용'하고 있는 기독 음악을 지칭함)

80년대 중반 이후 한국 교회의 찬양 문화에 있어서 꾸준히 '지분'을 확대해 온 CCM은 이제 교회 청소년과 젊은이들의 중심적 찬양 음악으로 자리 잡고 있다. 교회 입장에서도 청소년·청년층 부흥, 문화선교 등 교회 성장과 관련하여 CCM에 대해 '열린 태도'를 가져야 한다는 분위기는 이미 확실히 정착되었다. 이러한 분위기 하에서 근래 CCM은 음악적인 면에서 보다 과감하고 적극적인 자세로 다양한 대중음악 스타일의 도입을 시도하는 한편, 근년 신학대를 중심으로 CCM 학과들이 신설되는 등 양적 성장과 더불어 그 위상과 지위(?)도 격상하는 변화를 이루어 내고 있다. 이 문화에 대한 수용, 옹호론을 넘어 예찬론이 대세를 이룬 지금, 'CCM 득세'에 대한 교회 내 불만의 목소리와 비판적 시선은 점점 수그러들고 있다.

그러나 한편, 교회 안에는 여전히 이 문화에 대해 이질감을 토로하거나 우려의 시선을 보내는 이들이 존재한다. 필자가 지난 10년간 강의를 통해 만난 전국의 의식 있는, 다양한 연령층의 성도가 우려 섞인 목소리로 '조심스럽게' CCM에 대해 질문을 해왔다. 이 음악에 문제가 없는가라고.

CCM의 시작

　CCM(Contemporary Christian Music)은 현대음악 양식의 기독교 음악을 뜻하는 말이다. 여기서 현대음악 양식이란 그 시대에 유행하는 '대중음악 스타일'을 지칭한다. 간단히 말해 CCM은 1950년대 중반 미국에서 탄생한 현대 대중음악의 뿌리인 로큰롤에서 발전한 다양한 팝·록 스타일의 기독음악을 말한다. 일반 팝·록 스타일을 차용한 교회의 혁신적 찬양 문화는 1965년 미국의 한 가톨릭 교회에서 포크 음악을 미사곡으로 사용한 것이 효시로 알려져 있다.

　그러나 개신교 CCM의 시작은 1969년 개신교 가수인 '래리 노먼(Larry Norman)'이 당시로서는 파격이라 할, 로큰롤(록) 음악에 신앙적 메시지를 붙여 내놓은 앨범 <Upon this Rock>으로부터다. 래리 노먼의 생각은 단순했다. 당시 히피 운동에 휩쓸렸다가 회의(懷疑)에 빠진 미국의 젊은이들에게, 그들을 사로잡은 음악이자 사실상 그들의 내면에 이미 체화(體化)한 문화 코드인 로큰롤(록)음악

으로 복음을 전해야 한다는 것. 오늘날 CCM의 탄생이다. (로큰롤의 제왕이 엘비스 프레슬리라면, 래리 노먼은 CCM의 왕이다. 래리 노먼의 행적은 매우 이채롭고 복잡다단한데, 이 사람 안에 오늘날 CCM의 여러 가지 문제가 이미 다 들어 있다)

이 문화에 불을 지핀 또 하나의 주도적 인물은 70년대 초 히피 전도 사역으로 유명한 미 캘리포니아 갈보리 교회의 척 스미스 목사로, 이들에 의해 시작된 CCM은 60년대 후반에 일어난 미 예수운동(Jesus movement)과 합쳐지면서 급속히 확산됐다. 이후 CCM의 형식 파괴와 자유스러운 분위기는 날로 가속화하였고 음반, 콘서트 등 연예 산업과 본격 결합하면서 성장 가도를 달리게 된다. 90년대에는 표적과 기사와 치유를 강조하는 독특한 오순절 은사주의로 세계 교회의 주목을 끌었던 존 윔버(John Wimber : 60년대 팝 듀오 '라이처스 브라더스'의 편곡자. 1994년 사망)가 이끈 빈야드 교회 음악 등의 영향으로 CCM은 한층 더 자유분방한 모양으로 변화했다.

CCM이란 용어는 70년대 초 흑인영가(negro spiritual)와 가스펠(gospel music)을 주축으로 한 전통적 복음성가와 차별화한 용어인 Jesus Music, Jesus Rock이란 이름을 거쳐 70년대 말부터 사용되기 시작했으며 미국의 대표적 대중음악 전문지 빌보드(Billboard)가 1984년 Inspirational이란 장르로 통칭하던 기존의 대중적 기독교 음악을 CCM과 Gospel로 분리하면서 일반화 됐다. 한국 기독음악계는 미국으로부터 80년대 중반부터 이 문화를 적극 받아들이면서 CCM이란 용어도 그대로 가지고 들어왔는데 기독음반 업계와 함께 이 문화를 적극 주도한 기독교 방송(CBS)이 CCM 전문 프로그램 등을 만들면서 본격적으로 사용하기 시작해 한국인에게는 다분히 낯설고 애매모호한 CCM이라는 미국 용어가 그대로 한국에 정착됐다. 한편, CCM이 널리 확산되면서 과거 대중적 찬양을 일컫던 '복음성가'라는 용어는 'CCM'(현대 기독음악)이라는 세련된 외래 용어에 아예 흡수되거나 변두리로 쫓겨난 신세가 됐다.

CCM의 개념

CCM이 기존의 복음성가(gospel)와 구분되는 점은, 복음성가가 전통적인 기독음악의 틀 안에서 어느 정도 제한된(온건하고 절제된) 대중적 음악 양식만을 채택하고 있는데 반해 CCM은 팝, 록, 댄스는 물론 나아가 힙합, 헤비 메틀, 뉴 에이지 등에 이르는 대중음악의 모든 장르를 '제한 없이' 사용할 수 있음을 천명하고 있다는 것이다. 교회가 (세속) 대중음악의 모든 양식을 무제한으로 가져다 쓸 수 있다는 것은, 사실 음악 형식에 관한한, 교회 음악과 세속음악의 구분이 철폐됐음을 의미하는 하나의 '혁명적 사건'이다. 또한 이 말은 기독교 음악에 세속 대중음악의 연예(entertainment).오락(amusement)적 요소의 자유로운 유입이 가능해 졌다는 것을 의미하는 것이기도 하다. 즉 CCM은 기존의 복음성가보다 음악적 다양성과 오락성(여흥요소)이 대폭 강화되어 일반 (세속)대중음악과 음악 형식면에서 '차이가 없는' 대중적 기독음악이란 것이다.

한국의 대표적 CCM 사역자인 H 교수는 여기서 한 걸음 더 나가 CCM을 '기독교 세계관을 바탕으로 한 모든 대중음악'으로 개념을 정의한 바 있다. 여기서 "기독교 세계관을 바탕으로 했다"는 말이 좀 추상적이기도 한데, 아무튼 이 경우 CCM이 음악 형식은 물론 노랫말에 있어서도 기존 운신의 폭을 넓힐 수 있다는 의미로, 한층 더 확장된 포괄적·개방적 개념으로 받아들여진다. 여기서, 필자는 CCM이 노정하는 문제의 많은 부분이 이 용어가 가진 다소의 모호함과 지나친 개방성 혹은 포괄성으로부터 비롯된 것이 아닌가 생각한다. 개념의 울타리가 지나치게 열려 있고 경계선이 느슨하다 보니 CCM이라는 이름하에 온갖 잡동사니가 다 들어오거나 딴 청을 필 수 있는 여지가 너무 크다는 것이다.

"오늘의 음악으로 복음을 표현한다"는 CCM 예찬론자들의 '듣기 좋은' 슬로건에 현혹하여 거룩한 것과 속된 것을 '마구' 뒤섞어 버린 오늘날 교회의 찬양 문화가 혹 CCM은 아닌가? 차제에 CCM의 득세로 주객이 전도돼, 변두리로 밀려난 복음성가(이 말도 gospel song을 번역한 것이긴 하지만 '복음을 담은 거룩한 노래라는' 개념이 '분명한' 용어다)를 되찾아와 그 신분과 위상을 회복하는 한편, CCM은 그 용어의 개념에 걸 맞는 위치와 신분에 머물도록 조정하는 교회적 논의를 해볼 필요도 있지 않은가 생각한다.

CCM, 문제는 없는가 II - 음악 양식

CCM의 정의에 따르면 CCM은 하나의 음악적 장르가 아니다. CCM으로 분류될 수 있는 음악은 '음악의 스타일'과는 관계없이 기독교적 메시지(가사) 혹은 세계관을 채택한 모든 음악(노래)이다. 즉 CCM은 음악 양식이 아닌 메시지로 일반(세속) 음악과의 차별화를 꾀한 독특한 음악이다. 이러한 입장의 중심에는 모든 음악에서 메시지를 분리시켰을 때 그 음악 자체는 '가치중립적'인 것이라는 논리가 자리 잡고 있다. 즉 본래 음악적 스타일이란 중립적이며 여기에 기독교적 메시지를 접목시켰느냐 아니냐에 따라 그 음악의 성속(聖俗) 여부(?)가 판가름 난다는 얘기다.

형식과 내용

여기서 음악의 형식이란 과연 가치중립적인 것인지 따져볼 필요가 있다. 음악의 형식은 독립된 것이 아니며 중립적인 것도 아니다. 음악에 있어서 형식과 내용은 '불가분적으로 얽혀' 있으며 형식이 내용을 규정하기도 하기 때문이다. 따라서 현대 대중음악을 찬양에 도입할 때 음악 스타일의 채택에 있어서는 신중한 자세가 필요하다. 예를 들어 록이나 헤비 메틀과 같은 음악은 형식 면에서 가치중립적인 음악이 아니라 이미 즉각적 쾌락추구, 반항성, 프리섹스 등 반 기독교적 이념을 추구하는 음악으로 오랜 세월에 걸쳐 그 이념과 성향이 '고착화'된 음악 이다. 이러한 음악에서 메시지를 떼어낸다고 해서 '갑자기' 중립적이 된다는 주장은 너무 순진한 논리가 아닌가 싶다. 사실, 컨템포러리 음악(그 시대의 음악, 즉 대중음악)이란, 그 자체가 그냥 단순한 '음악'이 아니라 그 시대의 정신과 세계관을 담고 있는 하나의 '그릇'과 같은 것이라고 할 수 있는데, 그런 면에서 대중음악 자체를 가치중립적으로 보려하는 것은 무리가 있다.

  CCM 예찬론자들은 "기독교가 가져다 써야할 대중음악의 다양한 양식들을 마귀가 독점하고 있다"(이 말은 CCM을 이끌어 가고 있는 CCM의 핵심 개념 중 하나로 오래 전, CCM의 창시자 래리 노먼이 작곡해 퍼뜨린 노래 <Why should the devil have all the good music(왜 마귀가 모든 좋은 음악을 차지해야 하나)>로부터 불이 붙었다)는 말로 일종의 '피해의식'을 드러내면서 교회의 대중음악 양식의 적극적인 도입을 주장한다.

  또한 이들은 비파, 수금, 나팔, 소고, 제금 등 다양한 악기가 언급되고 있는 시편 등 구약성경을 인용하여 교회가 음악의 양식 제한의 벽을 과감히 허물어야 할 것을 요구하고 있다. 이는 자세히 보면, 성경이 악기 사용의 제한을 언급하고 있지 않은 점을 모든 스타일의 음악을 허용하는 것이라고 왜곡, 확대해석하고 있다. 악기와 음악의 형식은 다른 문제다. 또 오르간 등 과거 서구 교회의 세속 악기 도입의 전례가 CCM 옹호론에 자주 등장하는데, 이것도 형식이 아닌 악기의 문제라는 점도 있지만 시대적 상황을 지나치게 무시한 것으로, 오늘날의 CCM이 뿌리로 하고 있는 대중음악 양식이 지난 1950년대에 일어난 '현대 대중음악의 새로운 형식이자 반 기독교적 성향이 강한 로큰롤(Rock & roll) 음악'에 뿌리를 하고 있다는 점을 간과한 것이다. 로큰롤을 반 기독교적 음악으로 보는 시각이 기독교에 아직 많이 남아있다.

선별적 수용 바람직

교회가 CCM의 세속 오락적인 속성에 대한 부담을 가지면서도 CCM을 인정하고 있는 주된 근거가 이 음악이 복음을 담고 있는 '메시지 중심'의 음악이라는 점을 고려할 때, 교회가 대중음악 양식을 들여올 때는 복음의 내용이 가장 잘 표현되고 이해될 수 있는 양식을 제한·선별하여 수용하는 것이 바람직하다. 가사보다는 악기 연주나 리듬이 강조되고, 기성 제도와 권위에 대한 맹목적 반항성(좋게는 저항성)을 핵심 이념으로 삼고 있는 록 음악이나 힙합 등과 같이 교회 정서와도 어울리지 않고 기독교적 가사를 붙이기에도 적합지 않은 음악 또는 위험한 음악을 단순 논리를 들이대며 무조건 가져다 쓰는 태도는 문제가 있다고 본다.

CCM, 문제는 없는가 Ⅲ
- 선교적, 대안음악적 가치

　CCM에 대한 긍정적 입장의 주된 근거 중 하나는 CCM이 대중음악을 좋아하는 기독 청소년과 젊은이들에게 대중음악을 대신하는 대안음악으로 가치가 있다는 것이다. 이 문화의 종주국인 미국을 보자. 사실 미국에서 그간 CCM이 성장을 거듭해 올 수 있었던 중요한 이유 중 하나는 날로 퇴폐·오염도가 심각해지고 있는 미국 대중음악에 대한 교회의 '방어적 대책'의 일환으로, 교회와 가정에서 청소년들에게 CCM을 장려한 측면이 있다. 충분히 이해할 수 있고 하나의 현실적 대안으로 생각할 수 있다고 본다.

　그러나 대중음악에 심취한 청소년들의 음악적 취향과 욕구를 충족시키기 위해 대중음악의 감각적·오락적 성분을 복음적 메시지와 결합하는 과정에서 '필연적으로' 복음의 내용이 변질될 수밖에 없었고 찬양의 세속화가 가속화됐다. 음악소비자의 귀를 붙잡기 위한 기독음악의 '대중음악 흉내내기'도 심화됐다. 세속음악을 '초월'해야 할 기독음악이 세속음악의 '아류'로 전락한 것이다. 기독음악이 대중음악을 모방·답습하면서 단지 대중음악보다 가사에서 도덕적으로 우월하다는 것이 기독음악의 정체성을 말해주는가? 도덕적으로 더 나은 정도가 아니라 완전히 다른 차원의 음악, 육체가 아니라 영혼을 감동시키는 음악이 기독음악 아닌가.

대안 음악적 가치

교회에서 기독청소년들을 위한 대중음악의 대안으로써의 CCM 도입을 강하게 주장하는 이면에는 일반(세속)음악 세계를 기독교인들이 가서는 안 될 적대적 영역으로 보는, 문화에 대한 일종의 이분법적 사고도 깔려 있다. 이러한 문화관은 CCM 애호가와 사역자들, 나아가서는 일반 성도들의 사고에서도 자주 발견되는 부분이기도 하다. '기독교 울타리 안에서 모든 예술의 표현 내지는 향유 욕구를 해결하려는' 세속문화에 대한 막연한 배타적·

도피적 입장이 그것이다. 그러나, 기독교인은 기독교 음악만을 듣거나 연주해야 하고, 일반 음악은 안된다는 것이 과연 성경적인가? 이러한 문화관의 영향으로 대중음악의 대안으로서의 CCM에 대한 '과대평가'가 이루어 진 부분이 적지 않다.

세속 대중음악에 문제와 탈이 많으나 그렇다고 해서 크리스천 청소년들에게 CCM만을 듣도록 하는 것이 바른 것인지 자문해 볼 필요가 있다. 예술적으로, 영적으로 잘 조화를 이룬 CCM은 물론 좋은 대안이 될 것이다. 그러면서 필자는 하나님이 우리 인류에게 주신 '예술의 보고(寶庫)'라 할 수 있는 클래식 음악을 기독음악과 더불어 우리 크리스천들이 누릴 수 있는 하나의 중요한 예술적 선택으로 본다. 클래식은 오늘날 대중음악에 심취한 (기독)청소년들에게도 훌륭한 대안 음악이 될 수 있다고 믿는다. 그렇다고 일반 (세속)대중음악 속에 우리 기독교인이 운신할 수 있는 여지가 전혀 없는 것은 아니나, 여러 가지 면에서 상당히 한계가 있다고 생각한다.

선교적 가치

다음은 CCM의 선교적 가치에 대해서다. 서두의 탄생 배경에서 보듯, 이 문화는 처음부터 불신자(히피 세대)들을 위한 전도용 음악으로 시작됐다. 한 마디로 교회의 전통 예배와 찬양에 이질감을 느끼는 젊은 세대를 겨냥하여 음악의 형식과 메시지에 파격을 가한 일종의 '패스트푸드 식' 찬양이 바로 CCM이다. 때문에 십자가, 보혈, 고난 등의 부담스런(?) 내용은 아예 제외되거나 최소화됐다. CCM은 이렇듯 교회가 초청한 불신자들을 위한 예배(정확히는 '전도 집회')를 일컫는 이른바, 구도자 예배(seeker service)용 음악으로 사용되면서 급속히 활성화되었지만, 언제부터인가 믿는 성도들의 찬양으로 '슬며시' 탈바꿈하였으며, 근래에는 예배 음악으로까지 발전하였다.

사실, 오늘날 CCM은 불신자들을 위한 전도음악이라기 보다는 오히려 '신자들을 위한 찬양'이 됐다. 불신자들의 음악적 취향과 교회음악에 대한 부담을 배려해 음악에 오락성을 높이고 '복음의 내용을 각색한 눈높이 찬양(?)'이 어느덧 믿는 성도들의 정식 찬양으로 '승격'한 것이다. 그리고 이렇게 들어온 CCM은 교회 역사 속에서 오랜 세월에 걸쳐 수많은 성도들의 영혼을 감동시켜온 찬송가를 위시한 전통적 찬양문화에 위협(?)을 가하기에까지 이른 것이다. 그런 면에서 현재 CCM을 전도용 음악으로 볼 수 있는 여지는 상당히 줄어들었다고 보는 게 정확할 것이다.

또 하나 생각해 볼 것은, '과연 불신자들을 교회로 인도했을 때 그들이 전통적 예배와 찬양에 그렇게까지 이질감을 느낄까'하는 것이다. 우리는 그들의 취향에 익숙한 대중음악 스타일의 CCM으로 선교하는 것이 응당 효과적일 것이라고 생각하기 쉽지만, 어떤 면에서 불신자들은 우리로부터 은연중 세속음악과는 '뭔가' 다른 스타일의 교회음악을 기대하거나 선호하고 있을 가능성이 있다.(불신자가 '악착같이' 술 담배를 하지 않는 기독교인에게 호감을 가지듯) 컨템퍼러리 찬양과 예배를 드리는 교회일수록 잃어버린 자, 소외된 자에 대한 관심을 대단히 강조한다. 불신자의 영혼 구원은 너무도 중요하다. 그러나 교회가 불신자 전도에 있어서 섣불리 세속적인 것들을 너무 과도하게 끌어들이고 있는 것은 아닌지 반문해 보아야 할 것이다. 하나님은 전도를 위해 세상이 미련하게 생각하는 방법을 (의도적으로) 사용하시는 분이 아닌가? (고전 1:21)

더구나 성경에 음악을 전도 목적으로 사용한 예가 없다. 그럼에도 불구하고, 필자는 CCM이 선교적 도구로서의 활용 가치가 있다고 본다. 불신자들이 복음을 만날 수 있는 하나의 '접촉점'으로 활용할 수 있는 가능성을 인정해서다. 이런 여러 가지를 볼 때, CCM은 성도들을 위한 공식 예배에는 삼가고, 본래의 역할을 되찾아 예배가 아닌 불신자 초청 전도 집회나, 미성숙한 나이 어린층 등을 배려한 '제한된 영역'에 활용하는 것이 바람직할 것이다.

CCM, 문제는 없는가 Ⅳ
- 메시지, 아마추얼리즘

　CCM이 취하고 있는 무차별적인(?) 세속음악의 형식 문제보다도 어떤 면에서 더 중요하고 우려되는 문제가 CCM이 담고 있는 메시지(노랫말)의 문제다. CCM의 음악적 분위기가 가진 오락성 또는 가벼움으로 인해 이 문화가 기독교의 고난, 희생, 인내와 같은 고귀한 가치가 무시된 사탕발림식의 '피상적이고 애매모호한 복음'을 남발할 위험이 그것이다. 실제 CCM의 가사 가운데는 신앙적, 교리적으로 문제의 소지를 안고 있는 불명확한 표현들이 많이 발견된다. 나아가, CCM의 전도 기능을 강조하며 증가하고 있는 이른바 크로스오버(crossover)적 노랫말의 문제는 더 심각하다.

메시지 왜곡

　우리나라의 대표적 CCM 록 밴드로 많은 청소년과 청년 크리스천 팬을 확보하고 있는 록 그룹 예레미의 예를 보자. 그들이 발표하는 기독 음반시장과 일반 시장을 동시에 겨냥하여 내놓고 있는 CCM 록 음반을 가사를 보면, 복음이 애매모호한 것으로 표현되고 있음이 적잖이 발견된다. 그들의 일부 가사는 '기독교적인 그 무엇' 또는 '기독교적 분위기'를 표현하는 것이지 분명한 기독교 복음과는 거리가 있다. 예레미는 자신들의 복음 표현 방식에 대하여 "은유적인 표현을 사용해서 크리스천이 볼 때에는 이것이 종교적인 내용이구나 하고, 또한 그것을 일  반인이 볼 때에는 그냥 사랑을 노래하는 가사구나 할 수 있게 했다"라고 말한다. (미국의 대표적 CCM 여가수 에이미 그랜트는 지난 1991년 이런 크로스오버 전략으로 <베이비 베이비>라는 노래를 내놓아 기독음반과 일반음악 시장에서 동시에 대성공을 거둔 바 있는데, 이는 CCM계에서 지금도 자랑스럽게 인용하는 대표적 사례가 되고 있다. 그러나 <베이비 베이비>를 기독교 찬양으로 볼 여지는 적다. 매우 '관능적' 팝송이다.) 그러나 기독교 복음을 과연 그런 식의 이중적 의미로 표현할 수 있는 것인지 의문이다. 일부 CCM가수들이 주장하는, 두 마리 토끼를 잡는 이런 식의 논리는 기독교 복음의 본질과 거리가 먼 것이 아닌가?

크로스오버라는 말이 듣기에 좋을 수도 있으나 이러한 방식은 거룩한 복음을 희석하거나 혼잡케 하는 올무가 될 소지가 크며, 이러한 이중 논리 속에 혹 기독교계와 일반 음악계 양쪽에서 인정받기를 바라는 세속적 기대가 숨어 있는 것은 아닌지 의심하게 된다. 이와 함께, CCM의 음악적 매력과, 편안함, 흥분 그리고 연예인을 닮은 CCM 가수의 외모와 집회의 들뜬 분위기가 '메시지의 부실함과 왜곡'을 은폐할 소지 또한 적지 않다. 또한 CCM의 득세에 따라 우리의 기독음악의 고유한 정서이자 사실은 우리 기독교의 문화의 귀중한 덕목인 '소박함과 진지함' 그리고 '예술적 품위'와 같은 전통적 가치가 사라져 가는데 대한 아쉬움이 적지 않다.

외모 지상주의와 아마추얼리즘

CCM은 근래 화려하고 표피적인 외모와 아름다움에 집착하는 세속의 '외모 지상주의'를 답습하고 있는 경향도 있다. 일례로, 미모를 자랑하는 국내의 모 CCM 여가수가 결혼을 하자 그녀의 음반 판매고가 급락(急落) 했다는 근년의 일화는 이 문화의 본질과 관련하여 시사하는 바가 적지 않다고 하겠다. 한편, 예술성의 문제와 관련하여, CCM이 세속음악계로의 진출이 좌절된 음악 지망생들의 (세속적) 욕망을 실현하는 2류(?) 무대가 될 수 있다는 지적과, 엄격한 예술평가 작업 없이 기독교라는 보호막에 의존한 예술적 아마추얼리즘의 합리화, 그리고 미국 등 서구에 대한 문화 종속의 심화로 우리 기독음악의 정체성이 실종되고 토착화 작업에 걸림돌이 되고 있다는 점들도 지나칠 수 없는 중요한 문제다.

또한, 교회에서 찬양 사역자들을 세울 때 신앙심에 대한 검증은 뒤로 한 채, 음악적 재능이나 외모 또는 찬양사역 인력 확보 등의 명분으로 신앙이 부실하거나 미성숙한 초신자에게 '역할'을 부여하는 경우도 적지 않다. 예수님이나 성경에 대한 기초 지식마저도 의심되는 사람이 기타를 메고 나와 '버젓이' 수 십 년 교회 다닌 신자들 앞에서 '설교'를 하는 경우도 있다. 기타, 드럼 잘 치고 노래 잘하는 것과 신앙이 좋다는 것은 별개다. (잘 생겼다는 것도!)

교회 성장

한국 CCM의 도약은 CCM이 교회의 청소년과 청년들을 교회로 이끄는 매우 효과적이고 실용적인 도구라는 인식과 함께, 컨템포러리 음악을 동원한 예배 등으로 괄목할만한 교회 성장을 이룩한 미국 교회의 성공 사례에 기인한 바 크다. 여기서 한 가지, 미국교회가 2차 세계대전 이후 복음주의보다는 성장주의에 집착하기 시작한 6,70년대 이후가 CCM의 태동, 발전 시기와 거의 정확히 일치한다는 점에 주목할 필요가 있다. 또한 이 시기 (6,70년대)가 오늘날 현대 대중음악(contemporary music)의 모체가 되는 로큰롤의 부흥 발전기라는 것도 음미해 볼 점이다.

CCM이 경제적 풍요 하에 록 음악에 깊이 심취해 성장한 미 베이비 붐 세대의 교회음악으로 출발, 다분히 교인의 신앙 성숙이 무시되기 쉬운 교회 성장운동과 함께 발전해 왔다는 사실은 CCM의 정체와 역할을 이해하는 중요 단서일 수 있다. 한국 교회의 문제점으로 지적되는 (양적) 교회 성장주의가 6,70년대 이후 세속화로 치달은 미국 교회 성장주의 운동의 절대적 영향에 따른 것이라는 주장을 받아들인다면, 미국에서 직수입된 한국의 CCM 문화가 한국 교회 세속화에 일조하고 있을 가능성은 없지 않다.

CCM, 문제는 없는가 V - 상업주의

 필자는 CCM이 일반 대중음악 양식을 교회 찬양 속에 도입하는 과정에서 나오고 있는 음악 양식, 메시지에 관한 논란이나 세대 간의 갈등과 같은 문제보다도 훨씬 더 우려가 되는 부분이 '상업주의'와 관련한 문제라고 본다. 즉, 대중음악이 가진 고유의 상업주의의 속성과 가치가 CCM을 통하여 교회로 무분별하게 흘러 들어오는 점이다. 이미 오래 전 부터 CCM 음반 제작자들은 일반 대중음악 시장의 마케팅 기법을 보다 적극적으로 도입하여 '상품 판매'에 몰두하는 경향을 보이고 있다. 이에 따라 스타시스템 활용, 기획성 강화, 고비용 투입 등 일반과 별로 다를 바 없는 제작, 홍보 방식과 경쟁 논리 등이 당연시되는 분위기다. 한국의 경우, 일반 음악시장에서 붐을 이루고 있는 '모음집 음반(compilation)' 제작이 CCM 시장에서 그대로 답습되고 있는 현상이 대표적 예다.(이 방식은 일반 시장에서도 이미 '시장질서를 해치는 문제'로 지적된바 있다)  국내에도 이미 CCM 음반의 판매 순위를 다루는 인기 차트가 일반화되어 있으며 음반 표지 등에 일반 가요 음반처럼 영어가 남발되는가 하면 자켓 디자인이나 찬양 사역자들의 패션 또한 일반 연예인의 그것에 질세랴 세련미를 더해가고 있다.

음반 산업 중심 문화

　이러한 상업주의와 관련한 문제들은 이 문화가 애초 교회 중심적 이라기보다는 음반 산업 중심, 즉 자본 중심, 시장 중심적으로 작동하는 문화로 시작 발전해 왔다는 사실에서 처음부터 피할 수 없는 딜레마였다고 할 수 있다. 즉 '팔리는 음악'을 만들어야 한다는 이윤 추구의 목적과 찬양 사역이라는 '비 상업적 특수 목적'의 동시적 추구는 이 문화가 가진 필연적이고 이율배반적인 모순일 수밖에 없다는 것이다. 주로 청소년과 젊은이 계층인 소비자들의 구매를 촉진시키기 위하여 CCM 속에 대중음악이 가진 오락적, 상업적 요소의 삽입이 강화될 수밖에 없고 그 과정에서 찬양의 본질과 순수성이 왜곡, 훼손될 여지가 적지 않다는 것이 가장 큰 문제다. 요즘 CCM은 경건의 능력은 그만두고라도 경건의 모양마저 내팽개친듯한 것도 적지 않다.

　90년대 이후 미국 CCM 시장 규모 확대의 견인차 역할을 한 것은 미국의 메이저(major) 음반사들로, 이들은 연예산업과 기독교가 결합해 성공을 거듭하고 있는 CCM의 시장 잠재력을 간파한 후 거대 자본을 무기로 시장 지분 확보에 경쟁적으로 뛰어 들었다. 다분히 상업적 목적 하에 이루어지고 있는 것으로 판단되는 이러한 시도에 대한 크리스천 음반사와 사역자들의 반대 여론이 없는 것은 아니지만 "선교를 위해 상업 자본과 시장 원리를 적극적으로 활용해야 한다"는 입장이 우세한 가운데 일반 음반사들의 시장 참여는 계속될 전망이다. 이러한 과정에서 교회 문화의 상업적 메커니즘 종속이 가속화 되어 CCM이 단순한 하나의 '돈벌이' 문화산업으로 전락할 소지는 더욱 커지고 있으며 이에 따라 찬양 문화의 세속화가 심화될 여지도 커지고 있다.

수년 전 한국에서 열린 CCM 컨퍼런스의 주강사로 온 로마노프스키 교수(미 칼빈대)는 미국의 기독교 음반 산업이 미 크리스천들의 경제적 능력을 기반으로 한 '종교시장 개발'의 목적 아래 성장하는 가운데 적지 않은 대내외적인 불화와 혼란과 갈등이 야기되었음을 지적하면서 "한국 CCM이 미국의 기독산업을 모방하지 말 것"을 충고한 바 있다. 한국의 CCM 역시 한국 교회의 향상된 경제력, 특히 한국 경제 성장의 수혜자로 90년대 이후 문화에 대한 왕성한 식욕을 과시하며 한국 대중문화 소비의 주체로 급부상한 신세대 크리스천의 경제적 풍요를 기반으로 성장 해온 부분이 적지 않다는 사실에서 로마노프스키 교수의 권고는 귀담아 들을 가치가 크다.

CCM '가수'

몇 년 전 국내의 대표적 CCM 찬양 사역자가 섹스 스캔들을 일으켜 물의를 빚은 일이 있었다. 90년대 미국에서 이와 유사한 사건이 일어났는데, 오늘날 CCM의 현주소를 가늠해 볼 수 있는 중요한 사례로 읽힌다. 기혼인 인기 CCM 가수 마이클 잉글리시와 역시 기혼자이며 기독교 팝 그룹인 퍼스트 콜의 가수 매러베스 조든과의 혼외 임신 사실이 발각된 사건이다. 당시 잉글리시는 미 복음성가 협의회(GMA)의 도브상 6개 부분을 수상하는 등 스타급 CCM 가수였는데 이 사건으로 트로피를 반납하고 활동을 중단하는 등 곤경에 처했다. 여기서 CCM의 상업주의와 관련해 주목할 점이 있다. 스캔들이 터지자 정작 잉글리시의 팬들은 이에 크게 개의치 않았고 음반 판매에도 큰 변화가 일어나지 않았다는 사실이다. 이를 미 기독교인의 유별난(?) 관용과 사랑의 태도로 볼 수도 있겠으나, 그 보다는 CCM 팬들이 자기가 좋아하는 가수의 노래와 죄의 문제를 별개로 보고 있다는 것으로 해석할 수 있으며, 이는 CCM 가수와 CCM 소비자들과의 관계라는 것이 일반 세속음악 세계의 그것과 크게 다르지 않을 수 있다는 점을 암시하고 있다. 즉 오늘날 CCM을 듣는 젊은이들도 사실상 CCM을 '찬양'이기보다는 '음악을 즐기는 차원'에서 접근하고 있는 것이 아니냐는 것이다. CCM의 본질과 관련하여 깊이 생각해 볼 부분이다.

CCM, 문제는 없는가 Ⅵ
- 오락성과 감성주의

　CCM의 유행 후, 교회에서 영어의 워십(worship)이란 말이 즐겨 사용되면서 주로, 이 말은 대중음악 스타일의 찬양집회를 가리키는 말로 그 의미가 변질된 감이 있다. 예배(worship)란 말의 본래 의미가 혼란, 왜곡, 퇴색되고 있다는 지적이 많다. CCM 스타일의 집회가 주로 청소년과 젊은이들의 정식 예배 안으로 들어

오면서, 예배가 지나치게 가볍고 감성적 분위기로 흐르고 있다는 우려의 목소리도 크다. 일반적으로 대중음악 스타일의 CCM 예배(집회)는 기분 좋고 자유스러운 분위기를 연출하며 친절하고 관대한 '사랑의 하나님'을 강조한다.

하나님인가 사람인가

　"네 모습 그대로 주께 나오라"고 한다. 일견, 맞는 말이다. 그러나 우리의 옷차림과 우리의 언어, 우리의 습관과 우리의 죄악된 삶이 거룩하게 변화하지 않은 채, 늘 '그 모습 그대로 있어도' 주께서 '계속해서' 좋아하실지 의문이다. 과거, 특히 지난날 한국 교

회가 사랑의 하나님보다는 엄격한 하나님을 지나치게 강조한 일면이 있다고는 하지만, 오늘날 부르는 CCM에서는 '사랑과 기쁨, 평강과 위로, 치유와 회복의 하나님'만 있지 '엄위하신 하나님'은 아예 무시되거나 실종됐다. 또한 이 문화에 지나치게 열광하는 젊은이들을 볼 때, '혹 하나님의 영광보다 자신들의 육적, 감성적 욕구를 만족시키려는 인간적 생각으로 CCM에 집착하는 것은 아닌가'하는 느낌이 없지 않은데, 찬양은 하나님께 드리는 것인가, 사람을 즐겁게 하는 것인가 ?

여기서 크리스천들이 CCM에 대하여 점검해 볼 필요가 있는 몇 가지를 생각해 보자.
 1) 나의 관심을 끄는 것은 음악인가 가사인가? 찬양은 '가사'가 절대적으로 중요하다. 2) 이 가사는 복음을 '정확히', '올바로' 표현하고 있는가? 가사를 성경 말씀과 면밀히 비교하며 따져보라. 복음을 자의적으로 해석하여 기독교 진리를 왜곡한 찬양이 많다. "사랑해..감사해..송축해..기뻐해.. 찬송해" 등 듣기 편한 내용만을 반복하는 찬양도 줄이자. 3) 이 찬양은 나의 영혼을 감동시키는가, 그저 나의 기분을 편하고 즐겁게 해 주는가, 나는 혹시 감상적 분위기에 도취되어 휩쓸리고 있는 것은 아닌가? 기분이나 감정을 너무 믿지 말라. 눈물과 감격은 일반 대중음악 콘서트에도 많이 있다.
 4) 이 찬양집회는 예배에 가까운가, 콘서트에 가까운가? 팝(록) 밴드의 반주에 맞추어, 화려한 의상의 인기 CCM 스타와 게스트 가수들이 출연해, 분위기를 띠우는 집회를 예배라 할 수 있나?

콘서트다. 5) 이 가수는 하나님은 높이고 있는가, 혹은 자신의 재능이나 외모를 자랑하고 있는가? 찬양 가수의 옷차림이나 패션이 지나치게 일반 연예인 흉내를 내고 있지 않은가? 여자 싱어의 경우 선정적인 옷차림이나 몸짓으로 성적 자극을 주고 있지 않은가? 이 가수는 혹 인기나 돈을 위해 노래하고 있는 것은 아닌가? 이들의 언어나 행실에 그리스도인으로서 부끄러움이 없는가? 6) 찬양이 음악은 물론 음반 자켓, 포스터, 잡지 등에서 일반 대중음악을 지나치게 흉내 내고 있지는 않은가? 7) 음악이 너무 오락적이거나 너무 과격하지 않은가?

과격한 CCM 예찬가들의 사고에는 전통적 교회음악에 대한 반발(반항) 심리도 곁들여 있다. 그들은 전통적 교회음악은 요즘과 같은 시대에는 '한물간' 지루한(borimg) 음악이라고 불평하면서 정장을 입고 스테인드글라스로 장식한 교회에서 전통적 성가대에 맞추어 드리는 전통적 예배와 찬양에 냉소와 조소를 던진다. 이러한 태도는 고급문화와 엘리트주의에 대해 냉소를 보내고 있는 포스트모더니즘의 물결과도 무관하지 않으며, 기성제도와 권위 그리고 기독교 진리에 대한 경멸을 바닥에 깔고 있는 좌파적 문화 이념과 자유주의 신학 등과도 연관이 있다.

CCM, 문제는 없는가 Ⅶ
- 하나님인가 세상인가

필자는 서두에서 언급한대로 큰 틀에서 CCM을 반대하지 않는다. 오늘날 한국 교회에서의 CCM의 필요성과 역할을 부정할 수 없는 현실도 안다. 또한, 아직까지는 한국 교회의 청소년과 청년들의 예배에서 불려지는 대중적 찬양은 이른바 경배와 찬양 류의, 복음의 내용이 비교적 충실하고 음악의 형식도 그런대로 온건한 스타일로, 일반 오락성이 강하거나 과격한 팝·록 스타일의 CCM과는 '아직' 어느 정도 거리가 있음도 사실이다.

실용주의

그러나 한국의 CCM도 빠르게 변하고 있다. 교회 문화에 있어서 전통의 기반 위에 진보가 조심스럽게 놓여 지면서 조화를 이루는 것이 바람직 할 것인데 한국 CCM에 있어서는 이 문화에 대한 충분한 점검과 여론 수렴 과정이 거의 없이 '예찬론과 불가피론이 대세'를 이루며 과속으로 내닫는 상황인 듯해 불안하다는 것이다. 아무튼, 교회가 CCM을 들어 사용할 때는 상황에 맞도록 적절히 활용하되 '문화를 통한 복음과의 만남'이 가지는 한계를 직시하여 다분히 감성적(?) 분위기가 강한 이 문화가 '회개와 기도, 말씀과 경건한 삶'을 필수로 하는 그리스도와의 인격적 교제를 대신하지 않도록 유념해야 할 것이다.

이와 함께, 오늘날 한국 교회가 청소년과 청년 기독교인의 감소에 대한 불안과 강박관념(?)으로 인한 실용주의적 발상으로 CCM과 같은 대중문화에 '지나치게' 의존하거나 집착하는 것은 아닌지 한 번 쯤 진지하게 생각해 보기를 바란다. 언젠가 강의 후, "우리 아이들도 주일날 교회 와서 스트레스 좀 풀어야 하는 것 아니냐"며 항변하듯 CCM 댄스 음악의 역할을 주장하는 교회학교 (아마도 중등부) 교사를 만난 적이 있다. 스트레스를 왜 꼭 찬양으로 풀어야 하는 것인지, 교회가 스트레스 푸는 곳인지 헷갈렸지만 한국 교회가 처한 현실을 생각할 때 그 선생님의 심정을 어느 정도 이해할 수 있었다. 이와 관련하여 닐 포스트먼 교수(뉴욕대)의 말을 상기해 볼만하다. "한 마디로 기독교는 요구의 종교이고 심각한 종교이다. 그것이 쉽고 즐겁게 전해 질 때 그건 전혀 별개의 종교가 되고 만다." 교회는 혹, 저들이 세상에 나가 있는 동안 내내 즐기던 '오락적' 대중음악과 같은 음악을 교회에서도 내놓으라는 '배부른' 투정에 너무 쉽게 굴복(?)해 거룩한 영적 찬양을 오락물로 전락시키고 있는 건 아닌가?

불순종의 문화

미국 등에서 나온 CCM에 대한 비판적 자료와 저술들에는 CCM을 사단의 '교활한 무기'로 보는 음모론적 시각이 적지 않다. 비단 근본주의 쪽에 국한하지 않는다. 이 문화가 교회를 혼란시키고 교회를 파괴하기 위해 사단이 오랫동안 치밀하게 준비해 마련한 '고도의 전략적 선택'의 일환일 수 있다는 것이다. 미국 내 이 분야의 대표적 사역자 제프 갓윈은 "CCM은 마귀의 도구이며 CCM의 목적은 1) CCM 추종자들로 하여금 어떻게 해서든지 전통적 교회 음악에 대해 반감을 가지게 하려는 것과 2) CCM으로 청소년이나 청년들의 반항심을 고양시켜, 그들을 어떤 모양의 '권위에 대해서도 불순종'하도록 부추기는데 있다"고 단언한다. 그는 세속 록 음악의 정신(반항성, 쾌락주의 등)이 CCM 안에서도 동일하게 역사한다고 주장한다. 그의 주장에 일면 과격한 부분이 없는 것은 아니지만, 록이 주류 장르로 떠오른 오늘날 미국 CCM의 현실을 놓고 볼 때 전혀 근거 없는 얘기로만 들리지 않으며, 또한 미국 CCM을 부지런히 답습하고 있는 우리의 처지에서 그의 주장에 귀를 기울여 볼 가치는 분명히 있다고 본다.

필자도 CCM을 대할 때 '간혹' 이와 비슷한 생각이 드는 것을 숨길 수 없다. 때때로, 혹시 마귀가 CCM이라는 모호한 개념의 찬양 '문화'를 고안해, 교회의 가장 강력한 무기이자 사실은 사단이 가장 두려워하는 성도들의 거룩한 찬양(아울러 기도이자 군가 軍歌)에 '물타기'를 감행한 것은 아닐까 하는 의심이 든다. 이 문화의 전부가 그렇다는 것은 아니지만 이 문화를 치장하고 있는 여러 모양의 장식품들 가운데서 오늘날 교회의 거룩한 전통과 찬양을 무너뜨리려는 듯 한 세속 인본주의와 실용주의의 불순한 그림자가 종종 느껴진다.

CCM이 "복음을 이 시대의 언어로 각색해 내는 적절한 도구"라는 주장에 일면 동의하면서도, 바로 그 도구의 사용 과정에서 교회가 세상에 순응한 나머지 세상을 변화시키기 보다는 오히려 세상에 의해 변화되는 엄청난 실수를 저지르고 수욕을 당할 수 있다는데 이 문화를 지켜보는 한 평신도의 소박한(?) 우려가 있다. 결국 하나님이 모든 것을 심판하실 것이다.

크리스마스 캐롤과 예수 그리스도 수퍼스타

크리스마스가 되면 늘 생각이 나서 한 번 씩 꺼내 듣는 노래가 있다. 일본의 중견 싱어 송 라이터 타츠로 야마시타가 부른 <크리스마스 이브(Christmas Eve)>란 노래다. 이 노래는 일본인들에게 오랫동안 사랑받아온 노래이면서, 일본 노래를 좋아하는 한국 음악팬들에게도 잘 알려진 노래다. 몇 년 전 일본의 3인조 랩.힙합 그룹 Kick The Can Crew가 이 곡에 현대적 랩을 덧입혀 일본 오리콘 차트의 정상을 차지하기도 했는데, 원곡이 지닌 인기의 무게와 음악적으로 잘 만들어진 '명곡'이라는 점이 적잖이 작용했을 것이다. 이 곡은 간결한 멜로디와 솜씨 있는 편곡, 보컬의 묘한 매력이 마음을 잡아끈다. 특히 간주에 등장하는 교회 성가풍의 멋진 코러스와 후렴부에 계속해 반복되는 "고요한 밤 거룩한 밤(silent night, holy night)"은 종교적 분위기를 물씬 풍겨준다. 그러나 이 노래는 기다리는 연인이 오지 않아 외롭게 크리스마스 이브를 보내는 심정을 그린 곡으로 교회나 성탄절의 의미와는 아무런 관련이 없다. 연인에 대한 그리움과 크리스마스 시즌의 분위기를 노래한 대중 가요일 뿐이다.

뉴 에이지 캐롤

또 한사람의 일본인인 세계적 뉴 에이지 음악가 기따로(Kitaro)의 앨범 <이 땅에 평화를 (Peace on earth)>은 오늘날 크리스마스와 크리스마스 캐롤이 어디까지, 또 어떤 식으로 왜곡, 변질 되고 있는지를 잘 보여주는 하나의 좋은 예다. <오 거룩한 밤>, <The First Noel>, <예수는 인류의 소망이시니> 등 우리에게 널리 알려진 성탄 찬송과 캐롤, 교회 음악을 두루 연주하고 있는 이 앨범은 표지와 수록곡들을 볼 때 외형상으로는 잘 꾸며진 분명한 크리스마스 캐롤집이다. 그러나 앨범의 말미에 실려 있는 <위대한 혼(The Great Spirit)>이라는 곡을 접하게 되는 순간, 이 앨범이 기독교와는 전혀 무관한 '뉴 에이지 연주 앨범이라는 것을 알아차리게 된다. 한 거물 뉴 에이지 아티스트에 의해 크리스마스 캐롤이 뉴 에이지 '종교음악'으로 변신하고 있는 것이다. 기따로에게는 예수와 성탄절의 의미가 기독교의 그것이 아닌 뉴 에이지 신앙에 의해 해석되고 있음을 알 수 있다. 한편 기따로의 이 앨범은 예수를 모르거나 믿지 않는 사람이라 할지라도 기독교 음악을 다룰 수 있고, 표현 할 수 있다는 사실을 우리에게 잘 보여주고 있다. 크리스마스 시즌을 앞두고 서울 세종문화회관을 비롯해 대구, 부산 등의 무대에 올려진 록 뮤지컬 <예수 그리스도 수퍼스타(Jesus Christ Superstar)>가 대표적 예라고 할 수 있다.

비기독교인들이 쓴 '예수 그리스도 수퍼스타'

세계적 흥행작 '캐츠', '오페라의 유령' 등을 작곡한 앤드류 로이드 웨버의 출세작인 뮤지컬<지저스 크라이스트 수퍼스타>(이

하 수퍼스타)는 지난 1970년 음반으로  선보인 이래 뮤지컬, 영화, 무용극 등으로 만들어지며 지속적인 인기를 끌어왔다. 이 작품 관련 음반은 그간 600만장 이상 판매되었고 뮤지컬 <수퍼스타>는 한국을 포함하여 30여개 나라의 무대에 올려졌다. 발표 30주년을 맞이해 리메이크(改作) <수퍼스타>가 영국과 미국에서 선보이기도 했다. 지난 해 국내에 올려진 작품은 2002년 브로드웨이 새 버전이다. <수퍼스타>는 1971년 브로드웨이 초연 당시 예수에 대한 신성모독적 내용과 록 음악 사용 등의 문제로 인해 기독교계의 반발과 함께 큰 물의를 일으켰었는데, 필자가 몇 년 전 뉴욕에서 본 새 리메이크작 <수퍼스타>는 기독교적 색채와 분위기가 훨씬 더 희석돼 있었다.

이 작품은 예수 그리스도를 우유부단하고 나약한 인물로 묘사하고 유다의 인간적인 면을 부각하여 유다의 입장을 미화한 점, 막달라 마리아의 예수에 대한 흠모를 인간적이고 육적인 사랑으로 표현하고 있는 점, 부활이 빠진 점 등 여러 가지가 문제시 되었지만 시간이 흐르면서 초기의 논란에서 벗어나 지금은 가장 성공한 대중적 기독교 작품의 자리에 올라있다. 이 작품의 가장 큰 아이러니는 이 곡을 만든 웨버와 대본과 가사를 쓴 팀 라이스(Tim Rice) 두 사람이 모두 예수를 주제로 한 이 작품을 만들었음에도 당시 예수를 믿지 않는 불가지론자(不可知論者)였다는 점이다. 예수를 모르는 사람들이 쓴 작품이 가장 성공한 대중적 기독교 작품이 되었다는 점은 오늘날 대중문화의 막강한 영향력 하에 놓인 교회 문화의 현실을 잘 말해준다.

야마시타 타츠로와 기따로는 우리를 슬프게 한다. 예수 그리스도가 빠진 '크리스마스 이브'와 '이 땅의 평화'를 노래하고 있기 때문이다. 만왕의 왕, 만주의 주이신 예수 그리스도를 세속의 인기인을 지칭하는 '수퍼스타'의 자리로 끌어내린 대형 뮤지컬은 우리를 우울하게 한다. 크리스마스가 한 해를 마무리하는 하나의 연말 축제로, 기독 예술이 상업적, 오락적 유흥음악이나, 이교(異敎)문화로 전락하고 있는 오늘의 현실은 세상의 탓이 아니라 전적으로 교회의 책임이다. 복음에 대하여 닫혀있는 외인(外人)들에게는 책임이 없다. 세속의 정신과 문화에 굴복한 교회가 회개하고 돌아서서, 먼저 주께서 요구하시는 거룩한 모습을 되찾을 때 교회가 바로 서고, 그 때에 크리스마스 캐롤은 성육신한 하나님, 아기 예수의 탄생을 축하하는 아름다운 소리로 세상을 향해 힘차게 울려 퍼질 것이다.

"하나님이 세상을 이처럼 사랑하사 독생자를 주셨으니 이는 저를 믿는 자마다 멸망치 않고 영생을 얻게 하려 하심이니라"
 - 요 3 : 16

5 영화

한글
판형

한국영화 전성시대의 어두운 그림자

실종된 지 석 달 만에 변사체로 발견된 경기도 포천 여중생 살인 사건. 시신이 발견된 도로 옆 배수구를 TV 화면으로 지켜본 많은 사람들은 화성 연쇄 살인사건을 다룬 영화 <살인의 추억>을 떠올렸다. 경찰에서는 이러한 점을 의식, 모방범죄의 가능성도 염두에 두고 수사를 진행한 것으로 알려진다. <실미도>, <태극기 휘날리며>의 대대적인 흥행 성공으로 한국 영화계가 잔치판 분위기에 젖어 들어가는 가운데 터져 나온 이 사건은 우리에게 많은 것을 생각케 했다.

이 사건이 일어나기 얼마 전 한 비정한 아버지가 자신의 두 어린 자녀를 한강 다리 위에서 차가운 강물 아래로 내던져 죽게 한 반인륜적 범죄사건을 접했을 때도 필자는 영화의 한 장면을 떠올렸다. 임상수 감독의 흥행작 <바람난 가족>이다. 이 영화에서는 납치범이 아이를 유괴한 뒤 공사 중인 건물 꼭대기로 끌어안고 올라가 '주저 없이' 지상을 향해 내던져 죽게 하는 무자비한 장면이 나온다.(비슷한 시기에, 아파트에서 아이를 떨어뜨려 죽이는 장면이 등장하는 또 다른 영화가 개봉 되었다) 과거에는 생각할 수 없었던 이러한 범죄 사건은 영화를 모방한(혹은 영화의 간접적인 영향을 받은) 범죄로 의심할 수 있는 여지가 없지 않다.

무너지는 윤리의식

　근래 한국 영화는 객석 점유율에서 국내에 들어오는 할리우드 영화를 압도하는 등 사상 유례 없는 호황기를 맞이하고 있다. 흥행성은 물론 작품성 면에서도 완성도가 뛰어난 수작들이 속속 나오고 있다는 등 찬사가 난무한다. 바야흐로 '한국영화 전성시대'가 도래한 것이다. 한국영화의 대약진은 한국인의 문화적 창의력과 재능에 대한 자긍심을 높여주는 한편, 우리나라가 국제 경쟁력을 갖춘 문화 강국으로 나아갈 수 있는 가능성을 드높여주고 있다는 면에서 국민들의 폭넓은 호응과 지지를 얻어내고 있다. 장기적인 경기 불황과 무엇 하나 제대로 돼가는 게 없다는 자조 섞인 분위기 속에서 한국영화의 부흥과 성공은 더욱 화려한 빛을 발하고 있다. 한국영화가 국민들의 답답한 가슴을 풀어주고 있다는 얘기가 많다. 여기까지는 긍정적 측면일 수 있다.

　그러나 이와는 반대로 한국영화의 폭력. 선정성의 수위 또한 사상 유례 없이 높아지고 있다는 사실을 부인할 수 없다. 언제부턴가 과거에는 다루기 어렵거나 금기시 되던 소재들에 대한 고삐가 풀리기 시작하더니, 최근에는 '근친상간'과 같은 과거에는 상상할 수 없었던 소재의 등장은 물론, 눈 뜨고 볼 수 없을 정도의 선혈이 낭자한 잔혹한 폭력과 실제 섹스를 방불케 하는 사실적 묘사의 음란한 성행위 장면이 일상화 하는 등 한국영화에 있어서의 윤리·도덕성의 수위는 사정없이 곤두박질치고 있는 상황이다. 영화를 말 할 때, 할리우드 영화의 선정·폭력성 문제가 늘 상 거론되지만, 필자가 볼 때 근래 한국영화가 할리우드 영화보다 더 하면 더했지 결코 못하지 않다. 일종의 국수주의 경향마저 감지되고 있는 맹목적인(?) '한국영화 사랑'과 '흥행 지상주의' 그리고 이른바 '작가주의'에 대한 과도한 환상, 무한대의 '표현의 자유'를 부르짖는 문화운동가들의 거센 함성 속에서 오늘 한국영화 속의 윤리 도덕성은 점점 악의 늪으로 빠져 들어가고 있다.

범죄 교과서 역할하는 영화

이미 한국 사회의 고질병이 돼 초등학교로까지 번지고 있는 교내 폭력은 말할 것도 없고, 10대들 간에 번지고 있는 소위 '파이터 클럽'(한 쪽이 항복할 때까지 1 대 1로 혈투를 벌이는 신종 폭력 놀이)이라는 것도 '말죽거리 잔혹사'나 '친구'와 같은 일련의 학원 폭력을 다룬 영화를 흉내 낸 것이라는 지적이 많다. 영화 '친구'로 말하자면, 이 영화의 비디오를 반복해서 시청한 고교생이 교실에 들어가 수업 중인 학우를 칼로 찔러 죽인 사건이 발생해 이 영화의 화려한 이력에, 영화가 '살인교과서' 역할을 했다는 어두운 전과 기록(?)이 덧붙여져 있다. 영화 한편이 1,000만 관객을 극장으로 끌어내는 '괴력'을 과시하고 있는 오늘날 한국영화계는 분명 새로운 전환기를 맞이하고 있다. 그러나 한국 영화 대도약의 뒤안길에는 윤리성 붕괴와 이로 인한 사회적 역기능의 어두운 그림자가 짙게 드리워 있다. "영화는 영화일 뿐이다"라는 말은 마귀의 새빨간 거짓말이다. 한편의 영화가 수많은 사람들의 상상력에 불씨를 지피고 잠재의식에 흔적을 남긴다.

　세계 2위의 이혼율과 가속화하는 가정 붕괴, 원조 교제로 대표되는 극심한 성문란과 타락, 만연한 학교 폭력과 급증하는 흉악 범죄 등 우리사회의 어두운 현실 이면에 한국영화나 안방의 드라마가 주요 원인 제공자로 작용하고 있을 가능성은 결코 적지 않다. 문화 타락의 책임은 단순히 문화생산자들에게만 있지 않다. 어쩌면 아무런 의식 없이 환호하며 휩쓸리는 문화소비자들의 책임이 더 클 수 있고, 무엇보다도 어두운 세상에서 빛의 역할을 감당해야할 그리스도인들에게 가장 큰 책임이 있다. 찬란하게 도래한 한국영화의 전성시대에 우리 모두는 "한 편의 영화가 한 사람의 인생을 바꿀 수도 있다"는 아직은 낯익은 예전, 그 비디오의 경고 문구를 다시 한 번 진지하게 되새겨 보아야 할 필요가 있다.

말아톤과 주홍글씨

비슷한 시기에 화제에 오른 두 편의 한국 영화를 보았다. 하나는 정신지체 2급 자폐장애인인 마라토너 배형진군과 그 가족의 실화를 바탕으로 한 영화 <말아톤>(감독 정윤철)이고 또 하나는 배우 이은주 씨의 자살과 더불어 화제의 수면 위로 떠오른 영화 <주홍글씨>(감독 변혁)다. 이 두 편의 영화는 여러 가지 면에서 대조를 보이면서 우리에게 한국영화, 나아가서는 대중문화의 현실에 대해 생각할 거리를 던져주었다.

흥행 코드 무시한 성공

영화 평론가 전찬일씨는 <말아톤>에 대해 "영화가 사회문화적으로 순기능과 역기능을 갖고 있다면, <말아톤>은 우리 영화에서 '최상'의 순기능적 영화로 꼽을 만한 기념비적 작품"이라고 극찬하면서, "<말아톤>이 자폐 장애인에 대한 따스한 묘사를 통해 사회적 '환기'의 기능을 했다는 점"에 이 영화 성공의 의의를 크게 부여했다. 그러나 영화 <말아톤>의 성공이 가지는 또 다른 중요한 의미가 있다. 그것은 <말아톤>이 "한국에서 스포츠나 장애인을 소재로 한 영화는 성공을 거두기 어렵다"는 불문율을 깨고 관객 500만 돌파라는 예상 밖의 성공을 거두었다는 사실에서 찾아 볼 수 있다. 즉 <말아톤>은, 한국 영화 중 드물게 한국 영화의 전형적 흥행코드나 보편적 방식에 의존하지 않고 성공을 거둔 영화라는 것이다.

사실 이 영화는 근래 한국 영화가 즐겨 사용하고 있는 '성과 폭력과 죽음' 따위의 흥행 코드를 철저히 무시하고 있다. 이 영화의 힘은 곳곳에 여운을 남기는 대사를 배치하고 있는 잘 쓰여진 시나리오를 바탕으로 연기와 연출, 음악과 영상 등 전반에 걸쳐 두루 발휘되고 있는 탄탄한 기량, 즉 보다 '본질적'인 그 무엇에 있다. 이 영화도 흥행을 염두에 두고 여러 가지 계산을 하였을 것이지만, 그 계산의 결과가 건강하고 재미있는 영화로 표현되었다는 점과, 또한 그러한 '건강성'이, 영화라는 대중 예술이 마땅히 지향해야 할 본질적인 것들과 결합하여 500만 관객을 극장으로 끌어냈다는 데에 이 영화 성공의 각별한 의의가 있다고 할 수 있다. '말아톤'은 실로 오랜만에 순기능적 영화란 과연 무엇이며, 또 건강하고 잘 만든 영화가 가질 수 있는 잠재력과 가능성을 우리에게 새롭게 일깨워준 영화였다.

섹스와 폭력 그리고 죽음

반면 <주홍글씨>는 건강하지 못한 상업주의 영화의 전형으로 비친다. 이 영화는 이은주씨의 죽음과 관련하여 새삼 세인의 관심을 모았는데, 이은주씨가 이 영화의 촬영 이후 심각한 우울증에 빠져들었고 이 우울증이 그녀의 자살 동기 중 하나로 작용했다는 확인되지 않은 이야기가 보도되면서 호기심 등으로 이 영화의 비디오를 찾는 발길이 쇄도했다. 이 영화는 이은주씨가 배역을 맡을 때부터 고심을 하였다고 전  할 정도로 자극성의 정도가 강하고 스토리 전개 또한 도발적이다. <주홍글씨>는 앞서 말한 근래 한국영화 흥행의 중요 변수로 작용하고 있는 '섹스와 폭력과 죽음' 등의 코드가 강하게 도입된 영화로, 영화가 흥행에 집착하여 어떤 '비본질적'인 것들을 추구하고 있다는 느낌을 준다. 나아가 이 영화의 지나치게 자극적이고 어두운, 혹은 병적인 분위기는 이은주씨가 이 영화에 출연한 것이 실제 그녀에게 우울증을 가져다주었을지도 모른다는 소문을 상기케 하면서, 영화가 사회문화적으로 끼칠 수 있는 역기능과 부정적 영향과 같은 것들에 대해 많은 생각을 하게 한다.

영화는 오늘날 현대인의 가장 친숙한 대중예술이자 오락거리로, 특히 영화의 주 소비 계층인 청소년과 젊은이들에게는 그들의 가치관과 생활양식에 적지 않은 영향을 끼치는 중심적 대중문화로 각광받고 있다. 자본주의 사회에서 이윤 추구를 목적으로 하는 문화산업의 생리와 속성에서 비롯되는 제반 문제들은 일면 불가피한 것이다. 그러나 양질의 건강한 영화가 성공하는 기회가 많아질수록 우리 사회가 보다 밝고 건강한 자리로 나아가게 될 것이라는 것은 자명한 사실이다. 그리고 그러한 영화를 만드는 힘, 즉 '세상을 바꾸는 힘'은 문화 생산자들의 손에 있는 것이 아니라, 오히려 문화를 선택하고 소비하는 주체인 우리들의 손에 달려 있을 것이다.

베로니카 게린

2005년에 본 영화중에서 지금까지 여운이 길게 남는 영화가 있다. 조엘 슈마허 감독의 <베로니카 게린>이란 영화다.

영화는 마약 갱단의 비리를 파헤치다가 갱단에 의해 목숨을 잃는 여기자 베로니카 게린(Veronica Guerin, 케이트 블랜쳇 연기)의 실제 이야기를 그린다. 아일랜드 선데이 인디펜던트지 기자인 베로니카는 더블린 빈민가의 수많은 10대 청소년들과 젊은이들이 마약에 찌들어 사는 광경을 보고 충격을 받는다. 그러나 그 누구도, 정부나 언론조차도 이 문제에 관심을 보이지 않고 있다. 분노한 그녀는 자신이 직접 마약 문제의 실상을 파헤칠 것을 결심한다.

세상을 바꾸는 용기

그녀는 집요하게 마약 조직의 중심부를 향해 취재를 해 들어간다. 그러나 점점 범죄의 실체에 접근하면서 갱단의 반격이 시작된다. 그녀의 집에 총기가 난사되고 급기야 다리에 총을 맞아 중상을 입는다. 그러나 주변의 만류와 생명의 위협이 계속되는 가운데서도 그녀는 포기하지 않고 범죄 조직에 대항해 취재를 계속

한다. 마침내 그녀는 추악한 범죄의 실상을 폭로하는 결정적 기사를 완성하지만, 발표를 앞두고 갱단의 총에 맞아 숨을 거둔다. 그러나 베로니카의 죽음은 아일랜드 사회에 마약범죄의 실상을 알리는 경종이 되어, 갱단은 법의 심판대에 서고 기세등등했던 아일랜드의 마약 범죄는 고개를 숙이게 된다.

이 영화의 메시지는 정의감에 불타는 용기 있는 '한 사람'이 사회(세상)를 바꿀 수 있다는 것이다. 그리고 여기서 말하는 용기는 '죽음을 감수하는' 자리로 까지 나아가는 용기이다. 베로니카 게린은 사랑하는 자녀와 남편을 둔 여자이다. 갱단으로부터의 살해 위협은 사실 자신과 가족을 포함하는 것이다. 베로니카는 자신과 가족의 안전을 위해 취재를 포기해야 하는가 아니면 계속해야 하는가하는 갈등에 직면한다. 정의냐 안전이냐. 베로니카는 결국 정의를 선택한다. 그리고 그 대가로 자신의 생명을 희생한다.

이 영화를 보면서 먼저 생각한 것은 언론(기자)의 역할이다. 우리나라에도 베로니카와 같은 기자가 있을까? 알 수 없다. 그러나 내가 느낀 것은 베로니카와 같은 '신념에 투철한' 그리고 '죽음을 무릅쓰고 진실을 좇는' 기자가 대한민국에 과연 얼마나 있을까라는 회의(懷疑)였다. 그런 기자가 한국에 한 사람이라도 있다면 한국 사회는 '크게' 바뀔 것이다. 이라크 전쟁에서 취재 중 숨진 기자의 통계 수치가 '비율로 따져서' 전사한 군인보다 높다는 글을 읽은 적이 있다. 기자가 '목숨을 거는' 직업이라는 사실을 보여주는 단면이다. 자신의 안전에 연연하는 기자, 불의의 권력에 굴복하는 기자, 진실보다 돈을 좋아하는 기자들에게 이 영화를 보여주고 싶었다.

그리스도인의 사회의식

두 번째로 이 영화를 보면서 생각한 것은 바로 우리 그리스도인의 모습이었다. 우리의 직업이 기자는 아니지만, 우리는 하나님으로부터 '어둠의 일을 폭로하고' '불의에 맞서 싸우라'는 분명하고도 엄숙한 명령을 받고 있다. 정확히 말하면, 그리스도인의 빛과 소금으로서의 대(對) 사회적 사명과 책임은 기자의 그것을 '훨씬' 뛰어넘는다. 영국의 성경학자 윌리엄 바클레이는 어떤 사람이 진정으로 회심하고 기독교인이 되었는가를 결정짓는 중요 조건 중 하나가 그가 과연 '사회의식'을 가지고 있는가라는 점이라고 말한 바 있다. 우리가 예수를 믿고 신앙생활을 하면서 교회 밖의 정치, 사회, 문화, 경제 등 사회의 문제에 관심을 가지고 무언가 '거룩한 영향력'을 끼치는 사람이 아니라면 그의 회심은 '의심의 소지'가 있다는 것이다.

구약 민수기 13-14장에 가나안 정탐꾼 사건이 나온다. 이 이야기가 어떻게 전개 되는가? 이스라엘 백성이 가나안 땅의 경계에서 하나님이 정복하라고 명하신 가나안 땅에 들어가기를 두려워하여 애굽으로 돌아가려는 결의를 하자, 하나님께서는 그들이 광야에서 헤매다가 (담대하게 가나안 정복을 주장한 여호수아와 갈렙을 빼고) "다 죽을 것"이라고 선언하신다. 무서운 얘기다. 이 이야기는 오늘날 위의 '사회의식'과 연관하여 해석할 수 있다. 하나님께서 우리를 마귀의 손아귀에서 건져내신 이유가 무엇인가? 교회 안에서 그리스도인들끼리 거룩하게 신앙생활만 잘 하라는 것인가? 바로 세상의 모든 영역(정치, 사회, 문화, 경제, 종교..)에 예수 그리스도의 '주되심(Lordship)'을 선포하고 그 땅을 정복하라고 하신 것이 아닌가? 우리가 그런 일에 아무런 관심이나 노력이 없다면 우리의 구원이 '취소'될 수 있다는 의미가 아닌가.

초콜릿 솔져

우리가 신앙생활을 해 나가는데 있어서의 기본은 늘 우리의 '정체성'을 확인하는 것이다. 즉 나는 누구인가라는 문제를 자주 생각해 보는 일이다. 우리 그리스도인의 여러 가지 정체(正體) 중 중요한 하나가 우리는 하나님의 '군사'라는 것이다. 즉 '목숨을 걸고' 전투를 수행하는 사람이라는 것이다. WEC 선교회를 설립한 찰스 스터드의 저서 중 <The Chocolate Soldier>라는 책이 있다. 스터드는 이 책에서 '초콜릿 솔져'란 말을 한 번도 '전쟁을 경험해 보지 못한 군사'라는 의미로 사용했다. 초콜릿 솔져는 하나님이 명령하신 원수 마귀와의 싸움을 회피한 채 '안일한 기독교 신앙'에 머물러 있는 그리스도인을 상징한다. 그들의 총검은 녹슬었고, 그들은 전선에서 멀리 떨어진 안전한 곳에서 한가한 신앙생활을 즐기고 있는 이들이다. 지금 우리의 손에는 번득이는 총검이 들려있고 우리의 군화에는 진흙이 묻어있는가? 당신은 목숨을 걸고 싸움터에 나선 군사인가 아니면 여전히 세상 즐거움에 취해

사는 한가한 초콜릿 솔져인가? 베로니카 게린, 그녀가 오늘 우리 그리스도인들에게 던지는 질문이다.

"자기 목숨을 얻는 자는 잃을 것이요 나를 위하여 자기 목숨을 잃는 자는 얻으리라" - 마 10 : 39

엘리펀트

2003년 칸 영화제에서 감독상과 황금종려상을 수상한 구스 반 산트(Gus Van Sant)감독의 영화 <엘리펀트 Elephant>는 '콜롬바인 고교 총기 난사 사건'을 다룬 영화다. 반 산트 감독은 바로 한 해 전 동일한 소재를 다큐멘터리로 만들어 떠들썩한 화제를 불러 일으켰던 마이클 무어의 <볼링 포 콜롬바인>의 정치적 시각과는 사뭇 다른, 시종 담담한 시선과 침묵적 어조로 광기(狂氣)의 현장을 재현한다.

1999년 4월 20일. 범인들은 히틀러가 태어난 날을 'D 데이'로 잡았다. 미 콜로라도 주 덴버 시 외곽의 작은 마을 리틀턴. 화창한 아침, 에릭과 딜런은 우편 주문으로 구입한 총기로 무장하고 자신들이 다니는 콜롬바인 고교로 향한다.  구내식당에 설치한 폭발물이 터지는 것을 신호로 이들은 학우들을 향해 아무 거리낌 없이 방아쇠를 당긴다. 이들은 무덤덤한 표정과 몸짓으로 유유히 그리고 침착하게 잔혹한 살인 게임을 즐긴다. 900여발의 실탄이 발사됐고 교사를 포함해 13명이 숨지고 수십 명이 다쳤다. 이들은 전교생을 몰살하기로 작정하고 학교 곳곳에 폭발물을 매설했으나 스스로 목숨을 끊음으로써 불발에 그치고 만다.

살인 게임

2005년에 일어난 경기 연천 GP(감시초소) 총기 참사의 범인 김 일병은 이른 새벽 자신이 함께 생활하던 소대원들이 자고 있는 내무반에 수류탄을 던지고 동료들을 향해 총기를 난사해 8명을 죽였다. 김 일병은 사건 후 "모든 소대원들을 살해한 뒤 GP시설물을 폭파하고 도주해 은둔할 생각이었다"고 진술했다. 이 참극은 여러 가지 면에서 볼 때, '한국판 콜롬바인' 사건으로 불릴 만하다. 보도된 바에 따르면 김 일병의 살인 동기가 인간의 상식으로는 이해되지 않는다. 콜롬바인의 살인범들 또한 마찬가지다. 그들의 표면적 살인 동기는 친구들로부터 '왕따를 당했다'는 것이었다. 젊은 시절에는 어쩌면 가족보다도 더 가까울 수도 있는 학우(學友)와 전우(戰友)를 전혀 납득할만한 이유 없이 무자비하게 살해한 반인륜·반사회적 악마성이 두 사건이 지닌 기본적 공통점이다. 또 하나의 주목할 유사점은 이들이 평소 게임을 즐겼고, 마치 게임을 하듯 살인을 저질렀다는 점이다.

사고 현장을 조사한 군관계자는 김 일병이 수류탄을 던진 뒤 복도를 따라가며 체력 단련실에 있는 소초장을 사살하는 등 목표물을 맞춰간 과정이 컴퓨터 게임을 연상시킨다면서 사고 현장은 "마치 잔혹한 살인 장면이 담긴 컴퓨터 게임을 보는 듯 했다"고 전했다. 실제 김 일병은 대학 학적부의 취미 란에 '게임'을 적어

넣을 만큼 온라인 전투 게임을 좋아했고 동료 병사들도 그를 '게임광'이라고 진술한 것으로 알려지고 있다. 이러한 정황들로 인해 인터넷 게임이 이 총기 난사 사건에 영향을 미쳤다는 주장이 강하게 제기되었고, 이로 인한 네티즌 간의 논란도 뜨거웠다. 무표정한 얼굴로 게임을 하듯 유유히 살인을 저질렀던 콜롬바인의 범인들 역시 거의 매일같이 입체사격 게임인 '둠(doom)'을 즐겼던 학생들이었다. 이 게임은 많은 한국 청소년과 젊은이가 즐겼던 게임이기도 하다.

리셋 증후군

일부 전문가들은 김 일병 사건에 인터넷 게임의 부정적 영향력이 작용하였을 가능성이 충분히 있다고 보고, 김 일병이 현실을 게임의 한 장면으로 착각해, 별 죄책감 없이 범죄를 저질렀을 수 있을 가능성을 암시했다. 이를 '리셋(reset) 증후군'이라 부르는데, 컴퓨터 게임을 하다가 리셋 버튼을 누르면 처음부터 모든 것이 다시 시작되는 것처럼 현실의 상황을 착각하는데서 나온 말이다. 몇 년 전 초등학생인 동생을 흉기로 무참히 살해한 중학생의 범행에도 폭력성이 강한 온라인 게임의 영향력이 개입되었을 것이라는 보도가 나온 바 있다. 김 일병 사건으로 온 나라가 충격에 빠져있을 때, 이웃 일본에서도 인터넷 게임이 끼치는 무서운 영향력을 짐작케 하는 사건이 발생했다. 15살 난 고교 1년생이 부모를 둔기로 살해하고 시신을 훼손한 끔찍한 사건이다. 장남인 이 학생은 평소 격투기와 사격 게임을 즐겨한 것으로 알려졌다. 1988년에 나온 아서 클라크의 동명 다큐멘터리에서 차용한 서두의 영화 제목 '엘리펀트'의 의미 중 하나는 서구의 격언에서 나온 것으로, 마치 '거실에 들어와 있는 코끼리'처럼 너무 커서 방치할 수밖에 없는 '해결 불가능한 문제'를 상징한다고 한다. 인터넷의 천국이자 온라인 게임의 대국(大國) 대한민국에서 일어난 김 일병 사건은 이미 우리의 안방에 들어와 앉은 코끼리, 즉 처치불능 지경에 이른 우리나라 게임 문화의 거대한 부정적 영향력을 우리에게 경고해 준 것인지도 모른다.

추기) 콜롬바인 집단 살인 사건의 범인인 두 고교생이 집단 살인을 모의하고 이 살인 프로젝트에 붙인 작전명은 "NBK"였다. 올리버 스톤 감독의 영화 〈Natural Born Killers (타고난 살인자들)〉의 머리글자를 딴 것으로 영화를 모방한 범죄 혐의가 짙다. 광적인 연쇄 살인범의 이야기를 그린 이 영화의 시나리오를 쓴 사람은 영화 〈킬빌〉, 〈저수지의 개들〉로 유명한 세계적 감독 쿠엔틴 타란티노이다. 국내 감독 중, 타란티노의 영향을 적잖이 받았고, 또 그에게 인정을 받고 있는 감독이 박찬욱 감독으로 알고 있다.

술과 장미의 날들

근래 인터넷 포털 사이트와 전철역(스크린)에서 소주 광고를 빈번히 접한다. 청년들이 모여서 술을 마시는 사이로, 깜찍하게 생긴 젊은 여성이 소주병을 들고 애교 섞인 춤을 추는 내용이다. 이 소주 광고는 포털에 드나드는 어린 청소년들에게도 무차별적으로 퍼부어지고 있다. 소주 회사들이 경쟁을 벌이는 듯, 요사이는 일간지에도 소주 광고가 빈번히 실리는데 얼마 전 신문에 나온 국내 굴지의 소주 회사 광고가 필자의 눈을 붙잡았다. 광고는, "100억병 판매 참**이 Smile Again 캠페인을 시작합니다."라는 메인 카피 하에 "100억병 판매에 보답하는 의미로 수익금의 일부를 모아 난치병 어린이를 돕는 행사를 한다."는 내용으로 되어 있다. 상쾌한 녹색의 소주병과 벗하고 있는 광고 모델은 예쁘고 지적이며 온화한 분위기의 20대로 보이는 여성이다.

급증하는 여성음주

근래 술을 마시는 청년, 특히 술 마시는 여성들을 자주 본다. 언제부턴가 이른 저녁부터 길가 테이블에서 술을 마시는 광경을 자주 목격하는데, 요즘 정말 술 마시는 사람이 많고, 또 여성들이 상당히 늘어나고 있다는 생각을 자주 한다. 그러면서, "여성이 술을 마시는 것이 지극히 일상적이고, 나아가 술 마시는 여성이 (남성에게) 뭔가 세련되고 매력적인 사람으로 보인다"는 식의 저런 "술 광고가 많은 여성들을 술 취함의 어두운 세계로 이끌고 있구나"라는 우울한 생각을 한다.

술 마시는 여성들을 볼 때마다, 오래 전 TV에서 본 유명한 영화를 자주 떠올린다. 블레이크 에드워즈 감독의 1962년 작 <술과 장미의 날들> (Days of Wine and Roses : 아직 국내에는 비디오나 DVD로 미 출시됨)이다. 이 흑백영화는 당시 아카데미상 5개 부문 후보에 올랐는데, 동명의 주제가(헨리 맨시니 작곡)가 주제가상을 수상했다. 이 곡  은 지금까지도 세월을 뛰어넘어 사람들에게 꾸준히 사랑을 받는 이지 리스닝(easy listening : 듣기 편한 감미롭고 점잖은 음악) 넘버이자 스탠더드 팝의 고전으로 남아있다. 영화는 알코올 중독에 대한 얘기를 다룬다.

술에 심각한 문제가 있는 회사원(잭 레몬 연기)이 아름답고 지적인 여성(리 레믹 연기)과 사랑에 빠져 결혼한다. 그들은 예쁜 딸을 낳는다. 술꾼인 남편은 아내에게 조금씩 "술 마시는 즐거움"을 가르쳐 준다. 이윽고 부인도 자연스럽게 술을 즐기게 된다. 두 사람은 함께 알코올의 수렁으로 점점 빠져 들어 간다. 알코올 중독자 치료 감호소에 갇히는 지경에까지 이른 남편은 천신만고 끝에 중독의 늪에서 가까스로 헤어 나와 집에 돌아온다. 그러나 아내는 여전히 술병을 손에 들고 있다.

음주의 무서운 함정

알코올 중독자를 그린 영화로 니콜라스 케이지가 주연했던 1995년 작 <라스 베가스를 떠나며>를 기억하는 사람들이 많을 텐 데, 필자가 생각하기에 <라스 베가스..>는 알코올 중독에 관한한 지극히 '낭만적'인 영화다. 알코올 중독을 낭만적으로 미화하여 왜곡한 측면이 많다. 특히 <술과 장미의 날들>과 비교하면 더욱 그렇다. <술과 장미...>는 감독의 연출과 배우들의 연기가 탁월한 잘 만든 영화이면서, 특히 영화의 주제인 '음주와 알코올 중독의 실체'를 냉철하게 그려낸 수작이다. 필자가 경험하고 아는한 '술 문제'는 낭만과는 '정말', '정말' 거리가 멀다.(오래 술을 마셨고 지금은 완전히 끊었음) '알코올 중독'은 서구에서 '약물(마약) 중독'과 같은 병으로 분류하는 것으로 알고 있는데, 필자는 알코올 중독이 마약 중독보다 더 무서운 '자기 파괴적 질병'이라는 사실을 믿는다. 술은 사람이 사실상 조절이 불가능한 것임에도 불구하고, 사람이 조절할 수 있다고 믿기에 술에 대해 경계심이 느슨한 것이 가장 '무서운 함정'이다.

한국은 러시아와 함께, 알코올 도수가 높은 술을 즐기는 세계적 '독주 강국'이면서, 술을 자주 마시고, 많이 마시고, 끝장을 볼 때까지 마시는 '음주 문제 국가'이다. 무엇보다도 음주와, 그리고 음주로 인한 실수와 문제에 대해 관대한 나라이다. 이러한 결과들로, 음주 인구 중 알코올 중독자의 비율(100명중 22명 이상)이 세계에서 가장 높은 나라가 되었다. 필자는 앞으로 한국 사회에 마약 중독자는 물론 알코올 중독자(특히 여성)가 더욱 급격히 늘어나리라고 확신하고 있다. 한편으로는 불행한 일이지만, 이 분야를 다루는 사업(의료 등)은 앞으로 상당히 유망할 것이다. 참**소주가 난치병 어린이들에게 건강한 웃음을 찾아준다는 '스마일 어게인' 소주 광고를 보면서, 알코올 중독이라는 무서운 '불치병' 환자를 양산해내는 천문학적인(100억병!) 소주 판매로 번 돈 중 일부로 난치병 어린이를 돕겠다는 이 코미디 같은 캠페인을 하나님께서 어떻게 보실까 생각한다.

추기 영화 〈술과 장미의..〉에서 '중독'과 관련한 한 가지 중요한 사실이 나온다. 직장에 근무하던 여주인공은 알코올 중독자가 되기 이전, '초콜릿'을 몹시도 좋아하는 '초콜릿 중독자'였다. 따라서 그녀의 '알코올 중독'은 '초콜릿 중독'이 남편을 통해 일종의 '변신'을 한 것일 수 있다는 것이다. 중독은 자연스럽게 다른 중독으로 얼굴을 바꿀 뿐, 쉽게 치유되지 않는다. 중독 성향 그 자체를 뿌리 뽑지 않는 한… 알코올 중독에 대해 쓴 통찰력 있는 책에서, 알코올 중독이 원천적으로 '음식물 중독(식탐..)'에 뿌리하고 있다는 글을 읽은 적이 있는데, 난 이 말을 상당히 믿는다.

또 영화의 마지막 장면에서 남자 주인공이 처절한 어조로, 아내에게 '중독의 늪'을 헤쳐 나오기 위해 취해야할 중요한 진리를 말한다. "One day at a time, one day at a time."(한 번에 하루씩, 한 번에 하루씩) 우리가 우리 안에 중독으로 자리 잡고 있는 고질적인 악한 습관을 고쳐나가고자 할 때 반드시 명심해야 할 진리이다. 한꺼번에 하려 하지 말고, "오늘 하루"를 이기도록 이를 악물고 최선을 다하라는 것이다. 내일은 없다. 오늘 하루를 승리하자. 주님의 도우심을 간구하면서...그러면 된다.

영화 과잉시대의 그리스도인

　이른바 '문화의 세기'로 불리는 21세기를 맞이하여 사회 각 분야에서 문화의 역할이 현저히 증대되고 있는 가운데, 근래 주 5일 근무제 확대 실시 등으로 여가 시간이 늘어나면서 우리 사회의 문화에 대한 관심이 가일층 높아지고 있다. 가장 인기 있는 분야는 역시 대중문화이고 그 중에서도 영화다. 최근 영화감상이 사람들 사이에서 여가 사용의 가장 보편적인 수단으로 자리 잡아가면서 영화가 우리 사회에서 차지하는 자리가 커지고 있다. 영화에 대한 관심이 지나쳐 최근에는 이 문화에 대한 과잉, 과열의 양상도 엿보인다.

　국내의 영화에 대한 열기는 지방 자치 시대와 맞물려 전국 각지에서 수시로 열리는 크고 작은 영화제와, 신문 방송 출판 등 매체의 영화 다루기 비중 증가 등 곳곳에서 쉽게 감지된다. 영화관, 비디오, 케이블 TV, 위성방송, 인터넷 등을 통해 쉼 없이 쏟아져 나오는 영화와 관련 정보의 홍수는 오늘 '영화 전성시대'를 맞은 대한민국의 현주소를 잘 말해준다.  빠른 속도로 한국 거실의 보좌를 점령하고 있는 '홈 씨어터'는 중산층 가정의 필수적 문화 기기로 각광받고 있으며, 신혼부부의 제 1 혼수 품목으로 떠오르고 있다.

이제 영화는 우리의 안방과 영화관을 넘어 식당과 지하철과 거리, 우리 주변 곳곳에 흘러넘치고 있다.

'마니아'의 덫

이러한 시점에서 "과연 영화가 우리의 삶에 있어서 이렇게 많은 부분을 차지해야 할 만큼 중요하고 가치가 있는 것인가?"라는 질문을 한 번 해 볼 필요를 느낀다. 영화란 것이 우리에게 휴식과 즐거움을 주고, 나아가 간혹 삶에 대한 성찰의 기회마저도 제공한다는 좋은 점이 있지만, 지금과 같은 지나친 관심과 과도한 소비에 대해서는 뭔가 생각을 해보지 않을 수 없다는 것이다. 특히 근래 영화 애호가의 차원을 넘어서 영화에 광적으로 열중하는 영화 마니아의 저변이 확대되는 분위기 속에서, 영화의 왜곡된 소비와 이로 인한 부정적 폐해에 대해서 생각해 보지 않을 수 없다는 것이다.

영화로도 만들어 졌던 안정효의 소설 <헐리우드 키드의 생애>는 문화의 과소비, 나아가서는 대중문화의 탐닉이 인간을 어떻게 파괴할 수 있는가를 적나라하게 보여주는 작품이다. 현실과 이미지 세계의 경계가 허물어지면서 미쳐가는 비극적 '영화 마니아(狂人)'의 모습이 거기에 있다. 헐리우드 키드는 오늘날 영화 과잉시대를 사는 우리에게 영화에 대한 도에 지나친 관심과 소비가 얼마나 위험한 독(毒)이요, 무서운 덫이 될 수 있는지를 잘 말해준다. 더욱 위험한 것은 영화의 과소비 또는 영화의 탐닉이 상습적

'현실도피'로 이어지고 이러한 현실 도피가 영화 애호가 또는 마니아라는 이름에 가려 은폐되거나 합리화될 수 있다는 것이다. 대중문화의 탐닉은 습관적 음주와 매우 유사하다. 장기화할 때 반드시 중독에 이르게 되고 이는 사실상 '완만한 자살' 즉 '자기 파괴 행위'에 다름 아닌 것이다.

영화소비 절제 훈련해야

우리 사회의 영화 열기를 반영하듯, 요사이 영화를 선교와 교육의 현장에 적극 활용하는 교회가 늘어나는 추세다. 그러나 교회에서는 대개 영화를 전도 프로그램에 이용하거나 '기독교적 관점으로 영화읽기'와 같은 주제의 교육에 편중되어 있어, 앞서 지적한 오늘날 '영화 과잉의 문제'나 '영화 과소비'와 같은 중요한 부분을 소홀히 하는 측면이 있다. 기독교적 관점으로 어떻게 영화를 해석하고 또 분별할 것인지를 가르치는 것도 중요하지만, 영화 중독자, 비디오 중독자가 양산되는 현실 속에서 교인들에게 영화 소비에 대해 절제를 가르치고 훈련시키는 것 또한 매우 중요한 일이다.

오늘날 우리는 우리도 모르는 사이에 거대한 문화산업 시스템의 수동적 소비자가 되어 문화 생산자들이 쉴 새 없이 쏟아내는 문화상품의 흐름에 '의식 없이 도취하여' 자기를 내맡기는 과오를 저지르기 쉽다. 우리는 우리의 문화 소비가 하나님과 우리의 관계를 멀어지게 하거나 파괴하지 않도록 조심해야 한다. 홍수처럼 퍼부어지는 문화 상품들이 나의 소중한 시간을 빼앗아 가고 정신을 나른하게 마취시키지 않도록 경계할 필요가 있다. 문화 전성시대, 문화 과잉의 시대를 살아가는 우리는 문화의 올바른 분별과 선택을 위해, 나아가 '문화 소비의 절제'를 위하여 성령의 도우심을 간구해야 한다. 우리가 늘 깨어 주께 기도하고 말씀으로 무장하지 않고는 이 치열한 문화 전쟁, 즉 영적 싸움에서 결코 승리할 수 없다.

"그런즉 너희가 어떻게 행할 것을 자세히 주의하여 지혜 없는 자 같이 말고 오직 지혜 있는 자 같이 하여 세월을 아끼라 때가 악하니라" - 엡 5 : 15-16

대중문화와 영적 전쟁

그레이스랜드의 추억

2006년 6월 일본 고이즈미 총리의 미국 방문은 많은 화제를 뿌렸다. 일국 정상의 공식 방문 임에도, 퇴임을 앞둔 총리의 마지막 미국 방문이라는 점을 감안해 언론은 '졸업 여행'이라는 가벼운 제목을 붙이기도 했는데, 단연 화제가 된 것은 고이즈미 총리가 부시 대통령과 동행하여 테네시 주 멤피스에 있는 엘비스 프레슬리의 저택 그레이스랜드(graceland)를 방문하는 일정이었다. 엘비스 프레슬리의 열렬한 팬인 고이즈미 총리를 위한 미국 측의 배려로 이루어진 이 멤피스 여행에서 고이즈미는 최대의 만족감을 표시하며, "꿈이 이루어졌다"고 말한 것으로 외신은 전하고 있다.

고이즈미 총리는 지난 2001년 엘비스 프레슬리 사망 24주기를 맞아, 엘비스 음반의 일본 내 배급사인 일본 BMG를 통해 <고이즈미 준이치로, 내가 좋아하는 엘비스 노래들>이라는 CD를 출반 했을 정도로 엘비스에 대한 전문가적 식견을 지닌 '엘비스 마니아'이다. (사진은 고이즈미와 엘비스를 합성한 CD 표지) 30년 이상 일본 엘비스 팬 클럽의 회원이기도 한 고이즈미 총리는 지난 1987년에는 도쿄 하라주쿠에 엘비스 동상을 세우는 일을 주도하기도 했으며, 2005년 런던에서 열린 G8 정상회담 만

찬에서 엘비스 노래를 열창하는 등 대내외적으로 '열혈' 엘비스 팬임을 과시해 왔다. 흥미 있는 것은, 고이즈미와 엘비스의 생일이 1월 8일로 같다는 점.

로큰롤의 성지

로큰롤의 황제 엘비스의 묘소가 있는 '제왕의 저택' 멤피스의 그레이스랜드를 가보는 것은 모든 엘비스 팬들의 꿈이다. 미 대통령의 전용기 에어포스 원을 타고 부시 내외와 동행한 고이즈미의 멤피스 여행길은 전 세계 엘비스 팬들이 부러워 할 호사 중의 호사임에 틀림없다. 이런 고이즈미를 보면서, 오래전 케이블 채널에서 본 한 엘비스 팬의 모습이 생각났다. 기억하기로, 그는 아무튼 미국으로부터 꽤나 먼 나라에서 그레이스랜드를 찾아 온 엘비스의 열성 팬이었다. 그레이스랜드에 도착한 그는 카메라 앞에서 북받쳐 오르는 감정을 주체하지 못하고 하염없이 눈물을 흘리고 있었다. 먹고 살 걱정 없이 한가한 여행이나 다니는 사람과는 거리가 멀어 보이는 그에게 그레이스랜드 방문 여행은 작심하고 결행을 한, 결코 쉽지만은 않은 여정인 듯했다. TV에 비친 그의 모습은 마치 일생에 걸쳐 한 번은 반드시 방문해야할 '성지(聖地)'를 향해 길고 긴 '순례 여행'을 나선 신자가 마침내 '거룩한 땅'에 도착하여 감격의 눈물을 흘리는 모습을 연상시키고 있었다.

고이즈미 총리의 그레이스랜드 방문에 다분히 정치적 해프닝의 요소가 깃들어 있고, 그 해프닝 뒤에는 양국의 치밀한 외교적 계산도 깔려 있을 것이지만, 아마도 오랫동안 '성지 순례'의 꿈을 간직해 왔을 거짓 없는 엘비스의 팬, 개인 고이즈미 준이치로의 감회는 위 '순례객'의 그것과 크게 다르지 않았을 것이라는 생각이 든다. "꿈이 이루어졌다"는 그의 발언은 단순한 인사치레를 넘어 그런 소회의 일단을 솔직히 드러낸 것이리라. 그는 마침내 꿈을 이루었고, 전 세계가 지켜보는 가운데 드려진 '초 거물급 팬'의 경배와 찬양을 통해 다시 한 번 로큰롤의 황제는 큰 영광을 받았다.

신화의 그늘

필자 역시 오랫동안 그레이스랜드 방문을 꿈꾸었던 많은 사람 중 하나였다. 음반사 재직 시 부근 도시를 여행하면서, 들를 수 있는 기회가 두어 번 있었지만 망설이다가 스쳐 지나갔고, 회사를 그만 둔 후 몇 해가 지난 후 비로소 기회를 마련할 수 있었다. 미국에 거주하는 친구와 함께 자동차로 플로리다의 주도(州都)인 텔러해시를 출발, 파나마시티를 거쳐 미시시피 주 뉴 올리언스까지 간 뒤 거기서 이틀인가를 머문 후 계속 자동차로 버밍햄과 내쉬빌을 거쳐 멤피스로 향하는 길고 긴 여정이었다. 당시 필자는 '더 이상' 엘비스의 팬이 아니었고, '더 이상' 로큰롤 마니아도 아니었지만, 무언가의 힘에 이끌려 멤피스를 향하고 있었다. 당시의 마음을 글로 설명하기 힘들다. 아마도 20세기에 일어난 인류 역사상 가장 중요한 사건 중 하나(필자는 그렇게 믿고 있다)인 '로큰롤 혁명'의 주역인 로큰롤의 황제 엘비스 프레슬리가 잠들고 있는 그레이스랜드에 가서 '엘비스 신화'를 직접 눈으로 확인해 보고자 하는 의미가 있을 것이다. 그러나 한편 마음 속 깊은 곳에서, 이 여정은 예수님이 내 맘에 들어오신 후, 청소년기로 부터 성인이 된 후로도 오랫동안 내 안에 자리 잡고 있었던 엘비스를 비롯한 '로큰롤과 로큰롤의 우상'들이 내쫓겨 졌음을 확인하고자하는 나만의 외로운 '종교적 통과 의식(儀式)'같은 것이었는지도 모른다.

그레이스랜드에 도착한 날은 평일이었지만 그 날도 세계 각지에서 온 '순례객'들의 발걸음이 끊임없이 이어지고 있었다. 동양인의 모습도 적잖이 눈에 띄었는데, 투어(tour)시 제공되는 해설을 담은 휴대용 카세트에 한국어는 없었지만, 일본어판이 포함되어 있었다. 엘비스가 머물던 거실과 식탁, 침대, 그의 전용 비행기와 수영장, 그리고 그의 소지품과 사진들, 그리고 그가 받은 '위대한' 골든 디스크(golden disk)들과 그의 무덤...그레이스랜드는 엘비스 신화를 "황금알을 낳는 거위"로 탈바꿈시킨 엔터테인먼트 대국(大國)의 또 하나의 잘 만든 문화상품이었다.

그레이스랜드는 엘비스 팬에게는 엘비스의 생생한 흔적을 통해 '과거로의 시간 여행'을 경험하는 한편, 다시 살아 돌아올 수 없는 '영원한 우상'의 숨결을 가까이서 느껴 볼 수 있는 매우 특별한 장소가 될 것이었다. 그러나 로큰롤의 성지, 로큰롤 황제의 대 저택 그레이스랜드를 둘러보는 나의 발걸음은 내내 우울함으로 가득했다. 그 곳이 이름 그대로 한 때 '은총의 땅(grace land)'이었을지는 몰라도, 엘비스 프레슬리를 통해 시작된 50년 로큰롤의 역사가 하나님의 은총과는 거리가 먼 반(反) 기독교의 역사임을 이미 깨달아 알고 있었기 때문이다.

엘비스 기일에 엘비스를 생각하다

세상을 떠난 지 30년이 가까워 오지만 엘비스 프레슬리에 관한 이야기는 오늘도 매스컴을 장식하고 있다. 로큰롤 역사 상 최고의 스타라는 점 때문에 여전히 그의 뉴스는 사람들의 관심을 끈다. 최근 영국에서 엘비스 프레슬리가 가장 성공한 가수로 선정되었다는 소식이 전해진다. 엘비스의 음반이 영국의 앨범과 싱글 차트에 무려 2천 463주간 랭크되어 영국의 자랑이자 자존심이랄 수 있는 클리프 리처드와 비틀즈를 따돌리고 1위에 뽑혔다는 것이다. 대단한 위력이다. 이와 함께 연례행사처럼 나오는 뉴스지만, 엘비스의 미공개작과 대표곡을 수록한 새 앨범이 발매되었다는 소식도 있다. 연전에는 엘비스의 음반 판매량이 '미국에서만' 1억 장에 달했다는 기록이 발표되었고, 엘비스가 한 해에 3,700만 달러를 벌어들여 '사망한 스타 중 최고의 소득자'가 되었다는 소식도 있었다.

불세출의 엔터테이너

이렇듯, 끊임없이 이어지고 있는 엘비스 관련 기록과 이야기들은 음반사를 비롯해 엘비스로 인해 경제적 이익을 누리는 사람들에 의해 계산된 마케팅의 일환으로 읽혀지는 부분이 적지 않지만, 엘비스 관련 뉴스는 "엘비스 프레슬리가 부활했다"는 황색 신문의 제목처럼 프레슬리가 아직도 살아 있거나 엘비스 활동 시절로 시간을 거슬러 올라간 착각을 갖게 할 정도로 생동감이 있다.

사후에도 식지 않는 이런 엘비스의 인기는 팝 역사상 그에 필적할 만한 가수, 엔터테이너가 배출되지 않았다는 사실을 반증한다. 로큰롤 탄생 이후 프레슬리만큼 '노래를 잘 부르는 가수'가 없었다는 것이다. 그만큼 부드럽고, 열정적이며, 심금을 울리는

호소력을 가진 목소리가 없다는 얘기는 솔직히 설득력이 있다. 그는 타고난 가수였으며 불세출의 엔터테이너였다. 그러기에 사람들은 그에게 '로큰롤의 황제(King of rock & roll)'라는 칭호를 붙여 주었고 그 황제 칭호는 분명 오늘날까지 유효한 것 같다. 엘비스가 남긴 음악적 자취는 30여 년의 세월이 흘렀음에도 쇠락의 기운을 보이기는 커녕, 세기를 뛰어넘고 세대를 이어가면서 세계인의 마음을 사로잡고 있다. 가히 '신화(神話)'라 부를 만하다.

나는 언론이 반복하는 그의 화려한 명성과 업적보다는 엘비스 신화 뒤에 숨은 그의 실제 모습과 삶에 관심이 많다. 수퍼 스타이기 이전에 한 사람의 인간, 특히 크리스천이었던 엘비스를 자

주 생각한다. 그의 신앙과 가스펠 음악에 관한 행적을 기록한 <He Touched Me>(엘비스가 가장 애송했던 가스펠 제목에서 따온 것)라는 다큐멘터리 비디오는 그의 기독교적인 배경과 가스펠 음악에 대한 애정을 잘 보여주고 있다. 그는 어릴 적 교회에서 흑인들과 어울리며 노래를 배웠고 남부의 블랙 가스펠은 그 후 그의 음악적 모태가 되었다. 그는 늘 가스펠 음악을 즐겨 불렀고 인기 가수가 된 이후에도 그의 가스펠 음악에 대한 애정은 식지 않았다. 그의 수많은 히트 앨범 중 첫 번째 그래미상(Grammy Awards)수상 음반이 가스펠 앨범이었다는 사실을 아는 사람은 별로 없을 것이다. 그런 의미에서 그는 최초의 로큰롤 스타이자 'CCM 스타'였다. 그는 공연 시에 즐겨 대중음악으로 편곡한 가스펠을 삽입해 불렀고 로큰롤 음반과 함께 가스펠 레코드도 취입했다.

최초의 CCM 스타

그의 가스펠 음악에 대한 이러한 열정에도 불구하고, 그러나 그의 가스펠 음악 활동이 단순히 그의 신앙 고백적 행위로만 보이지 않게 하는 이야기들이 있다. 가스펠 레코드 취입이 당시 그가 로큰롤에 도입한 '문란한 성(性)적 이미지'에 대해 반발하던 미국 내 보수 기독교인들을 무마하는 하나의 방편으로 시도되었고, 나아가 가스펠 음반 시장의 새로운 수요를 일으키는 다목적 카드로 이용되었을 거란 얘기는 설득력이 있다. (여러 자료를 종합해 볼 때 나는 이 가능성에 무게를 둔다.) 엘비스의 속 마음은 어땠을까? 그는 물론 가스펠 음악을 좋아하기도 했겠지만, 크리스천으로서 대중의 인기를 얻기 위해 벌여야 했던 떳떳치 못한 연예 활동 - 그것이 자의였던, 매니저 탐 파커의 주문이었던 간에 - 과 건전치 못한 사생활로 인한 죄의식을 모면해 보려는 하나의 '속죄 행위'로 무대에서의 가스펠 부르기와 기독 음반 취입에 집착하지는 않았을까? 엘비스의 노래와 춤은 당시 10대의 성을 자극하는 일종의 '흥분제'와 같은 역할을 했으며, 그는 전 세계 청소년과 젊은이들의 강력한 섹스 심벌이었다. 또한 그의 사생활은 기독교인의 그것과는 거리가 먼 모습을 부단히 노출하였다.

엘비스 프레슬리는 어릴 적 부모와 함께 교회에 출석하였지만 나중에는 교회에 나가지 않은 것으로 알려 진다. 그는 엄청난 대중적 인기로 인해 사생활이 완전히 실종되어 교회에 가고 싶어도 갈 수 없었다고 측근은 전한다. 주님 외에 엘비스의 정확한 신앙 상태를 아무도 알 수 없을 것이다. 그러나 표면적으로 볼 때, 엘비스의 삶에서 주님을 따르기 위해 고민하고 분투하는 그리스도인의 모습을 찾아보기가 어렵다. 진정 하나님을 믿었다면 그는 인기와 부로 치장된 저 화려한 로큰롤 스타의 길을 과감히 포기했어야만 하지 않았을까? 그는 죄악된 길에서 떠나야 했다. 무대에서 가스펠을 부르고 가스펠 음반을 내지 않아도 좋으니, 먼저 그는 다른 사람들을 자극하여 성적인 유혹과 죄에 빠지도록 하는 일과 자신의 죄악들을 단호히 끊어버려야 했지 않을까? 계속해서 죄의 길을 가면서 주님에 대해 미안한 감정을 가진다고, 그래서 가스펠을 부른다고 지은 죄가 주께 양해(?) 되는 것은 아니다. 예수 그리스도를 믿고 진정으로 거듭나서 죄의 길로부터 완전히 자신을 돌이키는 철저한 회개와 순종 외에 다른 길은 없다.

여러 자료에 따르면, 엘비스는 분명 영적인 사람이었다. 그러나 그의 영성은 기독교로 출발하였지만 나중에는 기독교와 유대교, 뉴 에이지적 명상과 심령술이 혼재된 어지러운 것으로 변모되었다. 그는 자신의 문제를 해결해 주는 것이라면 어떤 영적인 것이라도 의존하려는 사람이 되었다. 젊은 시절부터 죽음의 문턱에 이르기까지 쉴 새 없이 상대를 갈아 치운 그 끈질긴 여성 편력과, 탐색과 탐식, 약물로 얼룩진 말년의 비참한 삶은 결코 구원받은 자의 것이라 할 수 없는, '버림받은 자'의 그 것이었다. 엘비스와 존 레논의 전기로 유명한 작가 앨버트 골드먼은 엘비스의 삶을, 자신의 신념에 대하여 (신앙에 있어서도) 지나치게 우유부단하며, 인생의 고통과의 직접 대면을 회피한 채 물질과 쾌락에 집착한 한 나약한 영웅의 자기 파괴적 몰락으로 결론짓고 있다.

한 해 400억 원이 넘는 돈을 벌어들이고, 자신의 노래가 세월을 뛰어 넘어 세계 각국의 인기 차트를 석권하고, 수많은 사람들이 여전히 그의 이름을 환호하며 로큰롤의 왕이라 칭송하는 지금의 모습이 엘비스에게 과연 무슨 유익이 있고 소용이 있단 말인가? 그는 세상을 떠난 망자일 뿐인데. 사후에 까지도 그의 이름과 재능과 업적에 부어지는 세상의 이 엄청난 찬사와 재물도 그의 구원과 생명의 부활에 아무런 효력을 미치지 못한다는 사실

바로 이것이 찬란한 신화의 이면에 엄존(儼存)하고 있는 엘비스 프레슬리의 절망인 것이다.

"사람이 만일 온 천하를 얻고도 제 목숨을 잃으면 무엇이 유익하리요 사람이 무엇을 주고 제 목숨과 바꾸겠느냐"
  - 마 16 : 26

악을 학습시키는 문화

지금으로부터 7년 전, 미 콜로라도 리틀톤의 콜롬바인 고등학교에서 일어난 미국 역사상 가장 끔찍한 집단 살인사건은 현대 대중문화의 현주소와 그 영향력을 여실히 보여준 사건이다. 에릭과 딜런, 두 어린 살인자들은 학교에 유유히 등교해 총기를 난사, 13명의 학우와 교사를 죽이고 더 많은 사람을 죽일 목적으로 30개의 폭발물을 학교에 설치한 후 자살을 했다. 어떤 환경, 어떤 힘이 전 보이스카우트 단원이고, 부모님을 둔 중산층 가정의 건강하고, 총명하며, 잘 생긴 두 어린 학생을 '웃으며 학우들을 쫓아가' 살인을 저지르는 악마로 만들었는가?

폭력 문화의 희생자

이 두 학생은 날이 갈수록 더 많은, 그리고 더욱 잔혹해지는 피흘림의 현대 폭력 문화에 중독된 희생자들이다. 이들은 사람을 총으로 조준하여 사살하는 입체 사격게임과 살인·폭력 영화, 그리고 랩과 펑크, 헤비 메틀을 혼합한 급진적 록 음악인 하드코어 록과 반항적인 랩 음악에 깊이 빠진
학생들이었다. 폭력적인 영화와 게
임과 대중음악은 학교에서 가르쳐
주지 않는 것들을 가르쳐 주는 이들
의 또 다른 교과서였고, 이들은 이
위험한 대중문화 교과서를 통하여
끊임없이 분노와 증오심, 그리고 폭력과 살인을 '학습'하였고 결국은 실천에 옮겼던 것이다.

　잔혹하고 폭력적인 피흘림의 문화에 관한한 대한민국은 결코 다른 나라에 뒤지지 않는다. 일례를 든다. 수 년 전 '인육人肉을 먹는 시체(Carnival Corpse)'라는 소름 끼치는 이름을 내걸고 있는 해외의 데스 메틀(death metal : 죽음을 주제로 다루는 어둡고 기괴한 분위기의 록 음악)그룹의 베스트 앨범이 국내에서 출시되었었다. 이 밴드는 내한 공연을 가질 정도로 국내 데스 록(death rock) 마니아들에게 인기가 있는 그룹이다. 그런데 정말 심각한 문제는 여기에 있다. 즉 <죽음의 노래들(Deadly tracks)>이라는 제목이 붙은 이 히트곡 모음 음반이 전 세계에서 오직 '한국에서만 특별 발매' 되었다는 놀라운 사실이다. 록 음악의 강국인 영, 미, 일본, 유럽 등지 에서도 발매되지 않은 이 데스 메틀 록 음반이 오직 한국에서만 출반되었다는 사실은 무엇을 말하는가 ? 한국이 이런 반인류, 반사회적 록 음악에 관한 한 세계에서 둘째가라면 서러워할 강국이요 대국이라는 사실이다.

근래 한류 열풍을 일으키며 아시아의 문화강국으로 부상하고 있는 우리 대중문화의 또 다른 모습이요, 숨은 단면이다. 한국 문화의 이러한 과격한 폭력적 성향은 비단 록 음악 뿐 아니라, 게임, 만화, 영화 등 대중문화 전반에 걸쳐 넓게 자리를 펼치고 있으며, 그 중심에는 세계가 부러워하는(?) 우리의 발달한 인터넷이 자리 잡고 있다. 수십만의 회원을 자랑하는 록 카페로부터 개인 블로그에 이르기까지 이 어두운 폭력과 죽음의 문화를 가르치고 전파하고, 선전하는 사이트가 부지기수다.

살인 교과서

최근에는 위의 콜롬바인 고교 집단 살인사건의 간접적 원인 제공자 중 하나로 지목된 바 있는 악마주의 록 그룹 '마릴린 맨슨'을 비롯해 '슬립 낫' 등 잔혹함과 광기로 무장한 초강력 해외 록 밴드들의 한국 방문 발길이 더욱 잦아지고 있다. 헤비 메틀이나 오컬트, 고딕문화에 심취한 국

내 마니아들의 활동도 날로 활발해 지고 있는 것으로 관찰된다. 가끔씩 보도되는, 우리 청소년들의 상상을 초월하는 무자비한(?) 범죄의 배경에 폭력성이 강한 컴퓨터 게임 또는 영화의 영향 등이 개입되었다는 뉴스는, 이러한 문화 현실과 더불어 한국에서도 대중문화가 유발하는 반인륜·반사회적 사건이 늘어날 수 있음을 암시하고 있다.

유년기로부터 시작되는 치열한 학업 경쟁으로 인한 고강도의 스트레스가 한 원인일 수 있는 우리 청소년과 젊은이들의 '유별나게 자극적인 문화 취향'(?)에 더하여, 근년 우리 사회의 문화에 대한 '무제한적' 표현의 자유를 부르짖는 드센 목소리 등 여러 가지가 복합적으로 작용하면서, 문화의 선정·폭력성과 어두움의 깊이는 날로 더해 가고 있다. 이러한 상황 하에서 생산되거나 도입되는 적지 않은 문화 상품들이 우리 청소년들과 청년들에게 위험한 가치관과 생활양식을 학습시키는 일종의 '악의 교과서' 역할을 하고 있을 확률은 대단히 크다. 근래 소외되고 있는 이 부분에 대한 사회 전반의 관심이 시급히 요청된다.

클래식 음악을 듣자!

90년대 말, 캐나다 앨버타 주 에드먼튼 시의 한 공원에서 일어난 일이다. 언제부턴가 마약 거래상들이 공원에 들어서면서 이 지역의 범죄율이 치솟기 시작했다. 부근의 상인들은 지역의 질서를 되찾고 자신들의 커뮤니티를 보존하기 위해 고심 끝에 한 가지 아이디어를 생각해 냈다. 음악을 이용하는 것이었다. 상인들은 돈을 모아 사운드 시스템을 마련, 공원 내에 설치했다. 그리고는 바흐, 모차르트, 베토벤의 심포니를 공원 전체에 울려 퍼지게 틀기 시작했다.

얼마 지나지 않아 지역 경찰 서장으로부터 이 노력의 결과가 신속하고도 놀랍다는 보고가 들어왔다. 왜냐하면 지역의 범죄율이 거의 80 퍼센트나 감소하였기 때문이다. 이와 같은 결과를 가져온 모든 원인과 요소를 다 분석하기는 불가능하나, 관계자 모두의 공통된 직감에 의하면, 클래식 음악의 미(美), 지성(知性), 웅장함과 질서가 마약 거래와 관련된 퇴폐적이고 무질서한 행위  와 너무나도 상반되기에 대다수의 마약 거래상들이 이곳을 떠나게 되었다는 것이다. 클래식 음악의 순기능적 역할을 잘 보여주는 사례다.

미와 지성, 질서와 웅장함

클래식 음악이 주는 유익성에 대한 연구 자료 중 가장 널리 알려진 것 중 하나가 식물 성장 비교 실험이다. 동일한 식물을 동일한 조건 하에 기르면서, 일정 기간 동안 각기 상반된 형태의 음악, 예를 들어 클래식 음악과 록 음악을 들려 준 뒤 성장 상태를 비교한 실험이다. 클래식 음악을 들으면서 자란 식물은 잎이 푸르고 싱싱하다. 열매가 튼실하고 전체적으로 발육이 왕성하다.

반면 록 음악을 듣고 자라난 식물의 열매에는 쭉정이가 많고 잎이 시들하며 발육도 빈약하다는 보고다. (사진은 클래식 음악을 들려주었을 때(왼쪽)와 아무런 음악도 들려주지 않았을 때(오른쪽)의 비교 자료) 이 외에 클래식 음악을 들려주며 기른 젖소의 우유가 그렇지 않은 쪽에 비해 상대적으로 품질이 우수하다는 주장도 널리 보편화 되어 있다. 한낱 미물(微物)도 음악에 대한 반응이 이러할 때, 사람이 받는 영향은 과연 어떠할지 짐작해 볼 수 있다.

미국을 위시한 서구 쪽에서 나오는 록 음악의 '해악성'에 대한 연구 보고도 적지 않다. 교사, 학부모단체, 사회과학자, 심리학자, 의사, 경찰관, 과학자 등 다양한 전문가 집단에서 나오는 보고들이다. 청소년 범죄를 전담하는 경찰관이 오랫동안 절도, 강간 등의 강력 범죄를 저지르고 붙잡혀온 청소년들을 꾸준히 관찰한 결과 한 가지 공통점을 발견했다. 그들이 소지하거나 즐겨듣는 음반이 한결 같이 외설적이거나 폭력적인 록 음악이라는 것이다. 우울, 행동장애, 약물남용으로 입원하고 있는 미 청소년을 대상으로 한 연구에서 이들이 록 또는 헤비 메틀 음악을 많이 들었음을 발견했다는 조사 결과가 있다. 정신과 병동에 있는 10대들 중 60%가 록 음악을 선호하고 있으며, 14살에서 16살 사이 2,700명의 청소년 중 5회 이상 위험 행동을 한 백인 청소년들이 록 음악을 즐겨듣는다는 사실이 보고 된 바 있다. 많은 록 음악과 록 비디오가 폭력의 옹호와 조장, 강간과 살인, 마

약 남용, 자살, 인간희생 제사, 가학·피학성 변태성욕, 기타 도착적 행위를 부추겨 위험한 행동을 조장하거나 선동한다는 보고도 있다. 이 밖에 록 음악의 고출력 음향과 리듬이 청각과 뇌에 손상을 가져온다는 사실은 일반화되어 있으며, 록 음악에 대해 식물성장 실험을 한 결과, 록 음악이 사람의 성장과 발육을 저해한다는 연구 결과도 나와 있다.

성장 발육 저해하는 록 음악

근래 한국 음악계의 두드러진 흐름 중 하나는 록 음악이 꾸준

히 득세하는 반면 클래식 음악의 입지가 약화되고 있다는 것이다. 대중문화에 대해 상대적으로 높은 의미와 평가를 부여하고 있는 포스트모더니즘(postmodernism)의 거센 물결과 정치적 환경 변화, 그리고 만연한 반지성주의(反知性主義) 정서의 위세에 눌린 감이 없지 않으나, 클래식 음악은 인류의 값진 유산이자 예술의 보고(寶庫)로, 안심하고 질을 추구해 나가며 즐길 수 있는 우리 크리스천과 특히 청소년들의 훌륭한 음악적 선택이 될 수 있다. 클래식 음악은 특별한 사람들의 전유물이 결코 아니다. CCM 록 예찬자들이 즐겨 인용하는 "록 음악은 세상(믿지 않는 사람들)의 전유물이 아니다"라는 말은 사실은 클래식 음악에 적용되어야 하는 말이다. 크리스천이야 말로 '진정한 문화의 귀족'으로 부름 받았기 때문이다. 오늘도 여전히 천박하고 초보적이며 말초적인 감각적 예술에 탐닉하는 사람은 하나님이 우리를 위해 예비해 놓으신 미와 지성, 웅장함과 질서가 살아 숨 쉬는 탁월하고 풍성한 예술의 세계에 초대받지 못할 것이다. 크리스천 청소년과 청년들 가운데 클래식 음악의 세계에 입문하거나 미지(未知)의 클래식 세계를 탐험해 보는 사람이 많아지길 기대한다.

추기 아이들에게 클래식 음악을 권하기 전에 먼저 우리 어른들이 클래식 음악을 가까이 하도록 노력해 보는 건 어떨까? 시중에 클래식 음악 입문자를 위한 책이 여러 권 나와 있는데, 그중 "클래식, 아는 만큼 들린다"라는 책을 재미있게 읽었다. 저자는 예수 믿는 분이다.

죽도록 즐기기

최근 온라인 게임에 중독된 30대 남자가 pc방에서 숙식을 하며 하루 평균 20시간씩 게임을 하다가 숨진 사고가 발생했다. 바로 얼마 전에도 아침부터 9시간 연속 온라인 게임에 몰두하던 고교생이 심장마비로 숨지는 사고가 일어났었고, 역시 비슷한 시점에 한 20대 여성이 온라인 게임을 하다 중태에 빠지는 일이 일어나는 등 요즘 우리 사회에서 온라인 게임 중독과 관련한 사고가 빈번하게 일어나고 있다. 이번에 숨진 사람은 건설 일용직으로 일하면서 번 돈을 모두 온라인 게임 비용으로 쓰고 돈이 다 떨어지면 다시 건설현장으로 나가는 생활을 반복한 것으로 경찰은 전하고 있다.

위의 세 사건은 우리에게 온라인 게임 중독과 관련하여 하나의 중요한 사실을 가르쳐 주고 있다. 즉 우리나라 온라인 게임 중독의 문제가 비단 청소년층에 국한된 것이 아니라 20대와 30대를 포함한 보다 다양한 연령층에 걸쳐 있으며 이제는 성별, 계층을 초월하여 전 방위적으로 확산되고 있다는 사실이다. 최근 일어난 이 사건은 우리가 인터넷 강국이자 온라인 대국으로 자랑스레 이름을 떨치고 있는 사이, 그 뒤에서 독버섯처럼 자라나고 있는 인터넷 문화의 어두운 일면을 노출시키면서 우리에게 다시 한 번 이 문화의 부정적 영향력에 대한 경계심을 촉구하고 있다.

근래 게임 중독으로 목숨을 잃는 일련의 사고 소식을 접하면서 필자가 떠올린 것은 '죽도록 즐기기'라는 말이다. '죽도록 즐기기'는 뉴욕대 커뮤니케이션학과 교수인 닐 포스트먼(Neil Postman)의 유명한 책 <Amusing Ourselves to Death>의 한국어판 제목이다. 포스트먼은 이 책의 서문에서 인류의 미래에 대해 예언을 했던 두 사람의 거물 조지 오웰과 올더스 헉슬리를 소개하고 있다. 포스트먼은 "오웰의 <1984>에서는 '고통'을 줌으로써 사람들을 통제한다. 반면 헉슬리의 <멋진 신세계>에서는 사람들에게 '즐거움'을 제공함으로써 그들을 통제한다"고 쓰고 있다.

<죽도록 즐기기>는 포스트먼이 현재 오웰보다는 헉슬리의 예언이 맞아 들어가고 있다는 가능성에 무게를 두면서, "정치, 종교, 뉴스, 스포츠, 교육, 교역 등 모든 분야의 공공담론을 (오락적) 쇼 비즈니스'로 전락시키고 있는"(역자 서문) TV(의 속성)에 관해 비판한 책이다. 그러나 또 한편 이 책은 오늘날 현대인들이 얼마나 오락과 오락적인 것에 탐닉하며 몰두하고 있는가를 말해주는 책이기도 하다. 한국에서 온라인 게임을 하다 목숨을 잃은 사람들은 이 책의 제목처럼 '죽기까지' 오락을 '즐긴' 것이었다.

문화의 덫

온라인 게임중독 사망 사건은 문화에 대한 경계심은 실종되고, 오직 문화에 대한 낙관만이 판치는 오늘날 현대 사회에서, '무절제한 문화소비'가 얼마나 위험한 독이요 무서운 덫이 될 수 있는가를 우리에게 가르쳐주는 상징적 사건이다. 어떻게 보면 오늘날 대중문화의 문제는 내용(컨텐츠)의 문제라기보다는 오히려 '소비(과잉)'의 문제이다. 이름을 다 기억하기도 힘든 수많은 TV채널, 할리우드와 충무로가 경쟁적으로 퍼부어대는 블록버스터 영화와 비디오, 현실과 가상의 경계를 무너뜨리는 초환상의 최첨단 테크놀로지 게임과, mp3라는 혁명적 매체로 무장한 대중음악 등. 대중문화가 우리를 포위하고 있는 형국이라면 과장일까? IMF 이후 대중문화는 한국 사회에서 가장 양적으로 팽창한 분야이면서, 동시에 각박한 현실에 피곤하고 지친 사람들의 가장 각광받는 현실 탈출구 역할을 해오고 있다. 이런 가운데 '대중문화의 과잉소비'가 우리 사회의 하나의 중요한 흐름으로 자리 잡고 있는 것이다.

문화(오락)는 우리에게 휴식을 제공함으로써 우리의 삶을 재충전하도록 돕는 역할을 한다. 그러나 과도한 문화 소비와 탐닉은 반드시 부작용을 낳게 되어있다. 대중문화의 탐닉은 인내력 감소와 현실 도피를 습관화시킨다. 나아가 문화 과소비와 탐닉은 대개 중독으로 이어진다.

바야흐로 문화의 시대이다. 우리가 어떤 문화를 어떻게 분별하고 선택하는가를 아는 것도 매우 중요하지만, 문화를 어떻게 '절제 있게 소비하는가를 훈련'하는 것이, 문화(오락)를 통한 "죽도록 즐기기가 강요되고 있는" 오늘 현대 사회의 현실 속에서 훨씬 더 중요한 문제일 수 있다.

대중음악과 영적 전쟁

교회 수련회 강의를 나갔을 때 비디오 플레이어가 말썽을 일으키는 사고를 종종 경험한다. 대개 수련회가 교회를 떠나 이루어지기 때문에 시설 미비나 사전 준비 부족으로 인한 것이 대부분이지만 이해할 수 없는 사고도 간혹 있다. 이해할 수 없는 사고란, 상식과 경험을 벗어난 사고로 '도무지' 이해가 불가능한 불가사의한 사고다. 한 번은, 갑자기 잘 나오던 영상이 끊겼다. 프로젝터는 문제가 없고 비디오 플레이어에 문제가 있는 것 같아 플레이어를 교체하니 영상이 나왔다. 그러나 잘 나오던 영상이 정작 '문제 장면'에 와서 신호가 끊어져 버리는 것이다. 여러 번 시도했어도 동일한 현상이 반복됐다. 비디오 플레이어의 버튼이 '갑자기' 모든 작동을 정지하는 도저히 납득이 되지 않는 사고를 겪은 것도 두어 번 있는데, 이런 경우 나는 마귀의 역사를 강하게 의심한다.

사단의 역사

한 번은 녹음 스튜디오에서 복음 성가를 녹음하던 중 비슷한 사고를 겪은 적이 있다. 녹음을 한창 진행하고 있는데, 갑자기 녹음기가 서버린 것이다. 사운드 엔지니어는 산전수전 다 겪은 베테랑이고 프로였지만 원인을 찾지 못했다. 그 자리에 있던 모두의 경험과 지식을 넘어선 불가사의한 일이었다. 한참 기계를 쉬게 하고 기도를 한 후 다시 시작하니 녹음기가 돌아갔다. 그 때 마귀의 역사를 강하게 의심하면서, 마귀가 얼마나 '찬송'을 싫어하는지를 다시 생각했었다. (역시 녹음을 하면서 느낀 것인데, 마귀는 특히 어린이가 부르는 찬송을 너무 너무(!) 싫어한다.) 이런 경험들이 하나 둘씩 늘어나면서 소리나 기계 가운데서 문제나 사고를 일으키는 마귀의 악한 역사가 분명히 있음을 알게 됐다. 기기 불량이나 조작 미숙을 포함하여 이 부분에 대한 영적 경계를 소홀히 했을 때 마귀가 장난칠 가능성이 '매우 높다'는 게 내 생각이다. 그래서 녹음이나, 강의, 행사를 앞두고 기계의 원활한 작동과 이를 다루는 지체들을 위하여도 반드시 기도를 필요함을 깨달았다. 교회에서 이런 일을 담당한 사람은 사전에 기기를 철저히 점검하고 조작 방법을 충분히 숙지하고 리허설까지 해 두어야 함은 물론, 기기가 차질 없이 작동하도록 주님의 도움을 요청하는 '세심한 기도'를 해야 한다.

필자가, 힘이 많이 들지만 이 사역을 계속해야 한다는 의지를 다지게 되는 때가 사실은 이와 같은 사고를 경험할 때이다. 마귀가 이 사역을 지극히 미워한다는 것(곧, 하나님이 이 사역을 매우 원하신다는 것)을 분명히 확인하는 순간이기 때문이다. 지난 10년 간 이 사역을 포기하지 않고 계속해 올 수 있었던 원동력 중 중요한 하나가 이 사역에 대한 마귀의 교활한 공격과 끊임없는 방해 공작이 있다는 분명한 '사실'이다. 마귀는 대중음악과 대중문화의 문제점과 악을 폭로하는 일을 왜 '이다지도' 싫어하는가? 이제는 어느 정도 그 답을 알게 되었다. 첫째, 마귀는 특정 대중가수나 연예인을 인기와 돈을 미끼로 제자 삼은 뒤, 그들을 조종하여 그들에게 열광하는 수많은 청소년과 젊은이들의 영혼을 자신에게로 끌어들이고 있다. 이처럼 '소수의 영향력을 가진 사람들'을 사로잡아 수백만의 사람들을 다스리는 방식이 사단이 제한된 능력을 가지고 '이 세상의 신(god of this world)'으로서의 능력을 발휘하는 주요 전략이다. 둘째, 마귀는 청소년과 젊은이가 하나님에게 드려야할 찬송을, 대중가수(연예인)를 통해 자신에게 향하도록 하여 주님이 받으실 경배를 가로채고 있다. 셋째, 마귀는 대중음악을 통해 부모와 교사, 사회질서, 하나님께 반항하도록 부추김으로써 권위에 순종하는 마음을 말살하고 있다. (불순종과 반항 = 마귀 제 1의 속성)

대중문화 속 영적 전쟁

마귀가 대중문화에 집착하는 이유는 특별히 대중문화에 나이 어린 청소년과 젊은이가 열광하기 때문이다. 어렸을 때 예수님을 영접하지 않으면 나중에 어른이 되어 예수님을 믿을 확률이 급격히 떨어진다. 이 사실을 너무나 잘 아는 영리한 사탄은 대중문화라는 사냥도구를 가지고 집요하게 청소년들의 영혼을 노린다. 또한 대중문화야 말로 수많은 사람의 영혼을 한꺼번에 장악할 수 있는 좋은 도구이기 때문이다. 그 커다란 공연장을 가득 채우고 있는 청소년과 젊은이들을 한 번 생각해보라. 실로 대중문화 속에는 거대한 사단의 역사가 있고 그 안에 수많은 영혼들을 두고

 벌어지는 치열한 영적 전쟁이 있는 것이다. "이 세계는 속치마를 입은 여신이 아니라 단단히 무장을 한 악마이다."(W 바클레이)는 말은 오늘 우리가 사는 세상이 한가한 '놀이터'가 아니라 치열한 싸움이 벌어지고 있는 '전쟁터(battleground)'라는 사실을 일깨워 준다.

오늘도 마귀는 음악과 TV, 영화와 만화로 만든 자신의 '사고(思考)와 철학의 주형틀(mold)'에 우리를 밀어 넣고 우리를 자신이 원하는 형상으로 찍어내려고 발악을 하고 있다. 말씀과 기도로 무장하지 않고 대중문화에 대한 경계의 빗장을 풀어 놓은 사람들은 100% 이 마귀의 집요한 공격에 당하게끔 되어 있다. 우리가 대적해야 하는 것은 사악한 문화나 타락한 문화 그 자체가 아니라, 그 배후에 역사하고 있는 악하고 교활한 영, 곧 사단 마귀인 것이다.

"너희는 이 세대를 본받지 말고 오직 마음을 새롭게 함으로 변화를 받아 하나님의 선하시고 기뻐하시고 온전하신 뜻이 무엇인지 분별하도록 하라" - 롬 12 : 2

대중문화에 대한
그리스도인의 바람직한 태도

1) 대중문화에 대한 막연한 환상과 낭만적인 생각을 버려라.

문화는 그저 '좋은 것, 유익한 것'이 아니다. (문화라는 '말'에 속지 말라) 좋은 음식 가리듯 잘 분별해야 한다. 나쁜 음식은 바로 탈이 나나 악한 문화는 (우리 몸에 축적되어 있다가) 나중에 나타난다. 만일 우리가 계속 좋지 않은 음식을 먹게 되면 결국 우리 몸이 망가지는 것이 당연한 생물학적 논리인 것처럼 우리가 즐기는 대중문화도 우리의 감정과 정신, 영혼의 건강에 영향을 끼치게 된다. 우리의 몸속으로 무엇을 가지고 오느냐에 따라서 우리의 미래 모습이 달라질 수 있다.

2) 대중문화 소비에 대한 절제를 '훈련'하라.

우리 인간의 쾌락을 향한 본질은 진정 '중독' 그 이상이다. 이와 싸워 이기려면 우리의 의지와 힘만으로는 되지 않는다. 하나님의 능력과 은혜가 반드시 필요하다. 말씀과 기도 가운데 주님의 도우심을 구하면서 문화의 무절제한 소비 유혹과 부단히 싸워야 한다. 그리고 시간을 아껴라. 때가 악하다. (엡 5:16)

특별한 날(주일, 주 중 하루)이나 특정 기간(사순절이나 고난주간 등)에 '문화 금식'(TV 안보기, 게임 안하기, 영화나 만화 안보기 등)을 훈련해 보자. 지속적인 성경 읽기와 성경 암송은 문화중독에서 벗어나는데 '큰 유익'이 있다.

3) 아무리 잘 만든 문화라도 메시지나 세계관에 문제가 있을 때는 버려야 한다. 기독교에서 볼 때 가장 위험한 것은 반 기독교적 메시지를 담은 영화나 음악, 책 등이 대중들에게 널리 인기를 얻는 것이다.

4) 무슨 음악이든, 무슨 영화나 책이나 게임이든 즐기기 전에 성급하게 결정하지 말고 반드시 기도하는 습관을 기르자.

5) 문화의 귀족이 되라. 건강하고 훌륭하고 품위 있는 예술에 대한 미적 소양을 계발하고 누리라.

6) 사단은 오늘날 대중문화(음악)를 통해 교회(크리스천)를 핍박하고 공격한다는 사실을 기억하라.

대중문화, 특히 음악은 사람의 마음을 다스리는데 사단이 가장 잘 다룰 수 있는 도구 중 하나이다. 음악은 가장 사악한 것을 가장 매혹적이고 자극적이고 호소력 있게 만드는 힘이 있다. 그래서 마귀는 음악을 사용하는 것이다. 마지막 때에 사단이 가장 즐겨 쓰는 강력한 '무기'가 음악이다. 한편, 사단은 예를 들어 마릴린 맨슨 같은, 누가 보아도 사악한 연예인을 통해서만 사람을 타락시키는 것이 아니다. 우리가 좋아하는 예쁘고 잘 생긴 댄스 가수, 발라드 가수를 사용하기도 한다. 또 교회 음악에 반 기독교적 록 음악이나 뉴 에이지 음악을 교묘히 침투시키기도 한다.

7) 대중문화 속에서 영혼을 두고 벌어지는 거대하고 치열한 싸움이 있음을 기억하라.

인생은 8-90까지 살아야 하는데, 사단은 대중문화를 동원해 10대와 20대의 영혼을 확실히 망가뜨려, 나머지 인생을 하나님으로부터 단절된 비참한 삶을 살아가게 한다. 청소년기에 한 번 길들여진 문화소비 습관과 취향은 일생동안 변하지 않는다. 예를 들어, 어렸을 때부터 지나치게 감각적인 록 음악(엑스 재팬, 메탈리카 등)에 길들여진 사람은 록 음악이 주는 (거짓) 즐거움이 너무 황홀하고 강렬하기 때문에 인생을 살아가면서 웬만한 것으로는 즐거움을 못 느끼는 사람이 된다. (설익은 황홀경이 진정한 '환희'를 대체함)

8) 예수를 믿으면 반드시 끊어야 할 것이 있다.

자신이 아무리 좋아하는 가수(음악)나, 영화나 오락이라 하더라도 그것이 문제가 있거나 나의 신앙생활과 신앙의 성장을 방해한다면, 단호하게 끊거나 멀리해야 한다. 나하고 싶은 것 다 하고, 즐길 것 다 즐기면서 주님이 우리에게 원하시는 '좁은 길'을 가는

것은 불가능하다. (마 7:13)

　내 책상이나 컴퓨터에 하나님께서 미워하시는 음악이나 영화, 화보, 게임, 만화 등이 자리를 차지하고 있다면 기도하고 과감히 내어버리자. 하나님께서 더 훌륭하고 좋은 것으로 채워주신다.

　9) 그리스도인은 세상 문화에 대해 기본적으로 대항 문화적(counter-cultural)인 태도를 가져야한다.

　사단은 자신이 의도한 모양대로 사람을 찍어내려 한다. 사단은 '풍속'으로 '문화'로 자신의 형상을 사람들에게 각인시킨다. 아무런 의식 없이 문화를 받아들이면 이 세상의 패턴대로 오려지고 만다. 그리스도인은 거센 강줄기와 같은 이 패턴을 거부하고 거슬러 올라가야 한다. 추종자(conformer)냐 변혁자(transformer)냐? (롬 12:2)

"Don't let the world squeeze you into its mold"

　10) 하나님은 우리를 문화의 파수꾼이자 '변혁자'로 부르셨다.

　이 세상 문화를 제대로 분별하여 누리고 나아가, 세상 문화를 주님 보시기에 선한 것으로 변화시킬 수 있는 사람은 '오직' 그리스도인뿐 이다. 문화를 바로 읽고 선택하는 분별력과 안목, 문화 소비의 절제력, 타락한 문화와 싸우는 힘, 문화를 거룩하게 변화시키는 힘은 '성경 말씀'에서 나온다.

에필로그 - 당신은 사랑받기 위해 태어난 사람

　　　　　　　　　브래들리(Bradlee Hedrick. 피아니스트)를 처음 만난 건 12년 전 여름 미 조지아 주 애틀랜타에서였다. 몸 담았던 음반회사를 그만둔 후 기독 음악 사업 쪽으로 방향을 정하고, 애틀랜타에서 열리고 있는 미 기독 출판·음반업계의 연례 국제전시행사인 CBA 쇼를 참관하던 중이었다. 드넓은 전시장을 둘러보다 피곤에 지쳐 잠시 쉬기 위해 부속 건물로 이어진 복도로 걸어 나왔는데 어디선가 잔잔한 피아노 소리가 들려왔다.

　선율을 따라가 보니 한 젊은이가 양탄자가 깔린 넓은 복도 위에 설치된 그랜드 피아노를 치고 있었다. 옆에는 주로 스탠더드 음악을 연주한 그의 CD 몇 종이 전시되어 있었고 한 여성이 사람들을 안내하고 있었다. 막간을 이용하여, 당시 유행하던 복음성가 <오 나의 자비로운 주여(Spirit song)>의 연주를 청했는데, 그는 기꺼이 악보 없이도 우아한 연주를 들려주었다. 헤어지면서 기독음악을 녹음할 의향이 있으면 연락을 달라고 하면서 명함을 남겼다. 큰 기대는 없었지만.. 그 해, CBA 참관은 개인적으로 별 소득 없이 끝났고 나는 다소 우울한 심정으로 한국에 돌아왔다. 2-3개월이 지났을까, 미국 방문 일이 서서히 잊혀져갈 무렵 그에게서 전화가 걸려왔다. 앨범을 녹음해 보자고. 그렇게 해서 <천사의 피아노(Angelic piano)> 음반이 탄생하게 됐다.

녹음이 끝나갈 무렵 브래들리가 자신의 이야기를 들려줬다. 자신은 홍콩에 파송된 미 선교사의 아들로 홍콩에서 태어났으며 어려서부터 음악을 좋아해 피아노 음악을 전공하였고, 여러 장의 연주 앨범을 냈는데 이제야 찬양 음반을 통해 하나님과 교회에 진 빚을 갚게 되어 기쁘다는 고백이었다. 그의 순수한 마음을 하나님이 받아 주신 것 같다. 이 음반은 한국 시장에서 '영감 있는 연주'라는 평가가 차츰차츰 알려지면서 지난 10년 간 수많은 사람들에게 사랑받는 연주 음반으로 자리매김했다. 지난해는 소문이 전해지면서 일본 시장에 소개되었으며 최근에는 대만을 통해 아시아권에 알려지기 시작하고 있다.

브래들리와 나는 우리의 만남이 결코 우연이 아님을 확신한다. 하나님께서 우리의 만남을 주선하셨고 너무도 부족하지만 우리들의 주님을 향한 작은 마음을 받아주셔서 이 일을 시켜주셨고 축복하셨음을 분명히 믿는다. 이 음반이 우리에게 주신 하나님의 선물임을 믿으며 이 음반을 통해 오직 주님의 이름이 높여지길 원한다. 지금까지 넉 장의 <천사의 피아노> 앨범이 출반됐다.

브래들리는 수록곡 중 특별히 네 번째 앨범에 실린 우리 한국 찬양인 <당신은 사랑받기 위해 태어난 사람(You were born to be loved)>을 좋아했다. 하나님께로부터 사랑받기 위해 태어난 우리는 얼마나 축복된 존재인가! 원작의 대중적 인기에 브래들리의 고백이 더해진 이 곡은 피아노 솔로와 좀 더 다양한 편성의 연주로 앨범의 오프닝과 피날레를 장식하고 있다.

"도적이 오는 것은 도적질하고 죽이고 멸망시키려는 것뿐이요 내가 온 것은 양으로 생명을 얻게 하고 더 풍성히 얻게 하려는 것이라" - 요 10 : 10

대중음악 볼륨을 낮춰라 2

지은이 : 강인중
편 집 : 편집부
표지디자인 : 이미정
출 력 : (주) 정보출력
인 쇄 : 오양인쇄
제 본 : 과성제책
진 행 : 윤상   김경애
펴낸이 : 강인중
펴낸곳 : 라이트 하우스
출판등록 : 1995. 2. 24   제10-1118호
주 소 : 서울 마포구 마포동 35-1 현대빌딩 1114호
전 화 : (02) 711-7436
팩 스 : (02) 719-8451
이메일 : miso@lighthouse21.co.kr
홈페이지 : www.lighthouse21.co.kr

초판 1쇄 발행 : 2006. 9. 12

ISBN : 89-953405-9-2-04230

값 10,000 원

잘못된 책은 교환해 드립니다.